ANDREA CIUCCI • PAOLO SARTOR

Nutrire l'anima

i piatti dei pellegrini e dei viaggiatori

prefazione di
PAOLO MASSOBRIO

SAN PAOLO

Nuova edizione 2019

Referenze iconografiche:

Immagini Adobe Stock, Alamy, Fotolia, Shutterstock
Pagina 26 foto di Flavia Fiocchi
Pagine 42-43 foto di Carlotta Invrea
Pagina 48 foto di Paselería Isasi - Santo Domingo de La Calzada - La Rioja - Spagna

Piazza Soncino, 5 - 20092 Cinisello Balsamo (Milano)
www.edizionisanpaolo.it
Distribuzione: Diffusione San Paolo s.r.l.
Piazza Soncino, 5 - 20092 Cinisello Balsamo (Milano)

Via Giotto, 36 - 20145 Milano

Copertina: Ink Graphics Communication, Milano

Editing: Flavia Fiocchi
Progetto grafico e impaginazione: Cristina Raiconi

ISBN 978-88-922-1915-1

Prefazione

Il ciauscolo, gloria dell'arte norcina marchigiana, significa piccolo cibo.
Che era quello che si portavano appresso i pellegrini duranti i lunghi viaggi a piedi. Ma quanti altri racconti simili potremmo trovare fra i formaggi, i dolci e ancora la carne conservata, per raccontare l'anima della cucina italiana che è sempre stata la bisogna. Sono grato agli autori per questo libro che è di una modernità assoluta: invita a riappropriarci della strada, a guadagnare un percorso, metafora della vita e della fede dove il cibo non è per nulla secondario ma fa parte del racconto. Perché durante il viaggio scopri la *Provvidenza*, i doni delle stagioni, la natura che si esprime dentro a un ordine, che è fatto proprio per permettere a ciascuno di noi di essere al centro dell'universo cosmo. E in questa centralità, col gusto, si scopre che alla fine Dio è tutto in tutto. Ma solo il pellegrino errante, che domanda cibo per partecipare alla vita, è nell'atteggiamento giusto per cogliere il dono del mangiare e bere, lontano anni luce dalla deriva edonista. Una deriva verso la quale questo libro, ci mette bene al riparo. Infatti, nutre l'anima, oltreché il corpo.

Paolo Massobrio

Introduzione

Quando Dio volle iniziare la sua storia con gli uomini, si rivolse ad Abramo e gli ordinò di alzarsi e di mettersi in cammino (cf. Gen 12,1-3). Sulla fiducia di questo anziano nella promessa di Dio – che fa muovere gli uomini e la storia – si schiude il cammino delle tre grandi religioni monoteiste e a vicenda di ogni credente. Così Gesù – sul lago con i primi seguaci e in ogni storia di vocazione – chiama i suoi discepoli a seguirlo per diventare suoi amici: si impara a fidarsi camminando, si diventa amici condividendo percorsi, si costruisce la storia evitando la tentazione dello stare fermi.

Il cammino, con tutto quello che porta con sé, cibo compreso, è dunque metafora della fede. E ha nel pellegrinaggio la sua pratica più vera, così autentica che si ritrova in tutte le religioni. Si parte per chiedere perdono, ci si mette in moto sulle tracce di Dio che si rivela in luoghi e volti, si lasciano casa e famiglia per annunciare al mondo intero la grazia ricevuta, si torna trasformati, si viaggia anche solo con la fantasia per sognare qualcosa di più grande e di più vero.

Come ogni esperienza autenticamente umana, anche il camminare ha il suo cibo, e le bisacce dei pellegrini raccontano eroismi e sacrifici, profumano di fatica ed entusiasmo, consegnano sapori di terre lontane o custodiscono l'aroma di casa. Tutto questo abbiamo cercato di raccontare e di cucinare per voi.

Buon cammino!

Gli autori

Gli autori, attualmente in servizio a Roma (presso la Santa Sede il primo e la CEI il secondo), collaborano nel campo dell'iniziazione cristiana e hanno pubblicato con San Paolo A tavola con Abramo, In cucina con i Santi *e* Mangiare da Dio. *Occuparsi di ricette ha insegnato loro che la tavola è una grande occasione di accoglienza, di condivisione e di dialogo.*

CAPITOLO I

Verso Gerusalemme

La prima e fondamentale meta del pellegrinaggio cristiano è la Terrasanta, dove storicamente si è attuato il mistero dell'incarnazione; solo quando l'accesso alla Palestina diventò difficile e pericoloso, i pellegrini iniziarono a puntare alla città di Roma, sede del successore di Piero, dove tale mistero continua nella Chiesa. Per molti secoli fino a oggi, ecclesiastici e laici cristiani hanno voluto conoscere i luoghi che videro Gesù rinnovare il pellegrinaggio degli ebrei sulle orme di Mosè e quello che segue le tracce delle origini cristiane sulle orme degli Apostoli. Anche oggi, chi va in Terrasanta lo fa in genere per ripercorrere il pellegrinaggio d'Israele, di Cristo e della Chiesa.

Un viaggio avventuroso

Rispetto ad altre mete di pellegrinaggio, Gerusalemme per gli europei aveva lo svantaggio di un impegnativo trasferimento via mare. Così non era per i due principali pellegrinaggi su suolo europeo, che si svolgevano lungo percorsi a piedi che, nel corso del tempo, sono diventati celebri: il *Camino francés* fino a Santiago e la *Via Francigena* fino a Roma. In Terrasanta si poteva anche giungere via terra, attraverso i Balcani e le odierne nazioni di Turchia e Siria, ma si trattava di un itinerario che prevedeva il passaggio attraverso più dominazioni, con il conseguente aggravio di tasse da versare. I rischi di cadere vittima di predoni e di banditi erano poi più frequenti che in mare. Si preferiva perciò viaggiare via nave, partendo in genere alla volta di San Giovanni d'Acri (l'odierna Akko nel nord dello stato di

Israele) da un porto dell'Italia meridionale. Inutile dire che si trattava di traversate avventurose, dal momento che il Mediterraneo non era sempre dominato da flotte cristiane: oltre ai turchi si potevano incrociare anche i cosiddetti "pirati di Barberia", soliti fare prigionieri per venderli come schiavi o chiedere un riscatto. Ecco perché le spedizioni in armi che più tardi furono chiamate "Crociate" si avvalevano della collaborazione di potenze esperte in navigazione sul Mediterraneo: le repubbliche marinare (soprattutto Pisa e Venezia), i sovrani normanni di Sicilia e l'Impero Bizantino.
Oggi la situazione è molto diversa e un viaggio in Israele non spaventa per il trasferimento. Quasi tutti i pellegrini che vi giungono dall'Europa utilizzano l'aereo e atterrano all'aeroporto Ben Gurion di Lod (l'antica Lidda), a mezza distanza tra Tel Aviv e Gerusalemme. Se non fosse per il paesaggio, sembrerebbe di essere giunti in una qualsiasi nazione europea, dal momento che gli standard di accoglienza turistica e di sicurezza applicati da Israele sono ai massimi livelli. Vale dunque anche per l'arrivo in Terrasanta, quel fenomeno ormai tipico del viaggiare contemporaneo, sia che ci si muova in aereo o utilizzando treni superveloci: la sottrazione del viaggio di avvicinamento, l'assenza di peripezie, ma d'altra parte la scarsa o nulla possibilità di acclimatarsi con calma, sia culturalmente sia fisicamente, nel paese che ci si accinge a visitare.

Akko. La città crociata, patrimonio dell'Umanità, sulle coste d'Israele

Cominciando dalla Galilea

Di solito, i pellegrini cristiani iniziavano il loro viaggio da nord, dalla Galilea. Qui assumeva enorme importanza la visita prolungata alla città di Nazareth. Piccolo borgo al tempo di Gesù, oggi grosso centro della regione (anche perché in tempi recenti il numero di abitanti si è ulteriormente ampliato grazie all'aggiunta di una vasta città satellite abitata solo da ebrei: Nazareth Illit). Merita una visita soprattutto l'area della basilica dell'Annunciazione, moderno edificio di vaste proporzioni che custodisce al suo interno la grotta-casa in cui avrebbe abitato Maria e, nei pressi, i resti dell'antico villaggio dei tempi del Vangelo.
Ma non è solo la cosiddetta "vita nascosta" di Gesù a essere documentata in Galilea. La regione fu infatti teatro della prima parte del ministero pubblico di Gesù. Soprattutto la zona di Tabga, vicino al Lago di Tiberiade, conserva vari luoghi legati alla predicazione del Cristo: l'altura delle Beatitudini, memoria del discorso della montagna, con un santuario che offre una suggestiva vista panoramica sul Lago di Tiberiade e i suoi dintorni; la basilica della moltiplicazione dei pani, con uno stupendo mosaico pavimentale paleocristiano; la chiesetta del primato di Pietro, in riva al lago; il sito di Magdala, dove solo di recente si sono avviati scavi archeologici su vasta scala. Non era difficile che i pellegrini fossero colpiti dalla dolcezza dei luoghi e dalla possibilità di dare un contesto geografico a pagine evangeliche, molto note.

Verso sud

Dalla Galilea alla Giudea il tragitto è breve, ma complicato dal fatto che la regione biblica della Samaria coincide in parte con i territori palestinesi occupati da Israele. Come è noto, da alcuni anni, questi territori sono stati cinti da un alto muro che ha garantito la sicurezza degli israeliani, ma che ha reso ancora più difficili gli spostamenti e le condizioni di vita per molti palestinesi.
Di fatto, in genere, si raggiunge Gerusalemme mediante la superstrada che costeggia il Giordano ed eventualmente si visitano Gerico, una delle più antiche

Veduta panoramica della città di Gerusalemme. In primo piano la città vecchia e la Basilica del Santo Sepolcro

L'immagine degli Ebrei che pregano davanti al Muro del Pianto, il muro Occidentale, ultima testimonianza rimasta dell'esistenza del Tempio, è universalmente nota

Il deserto di Gerico, uno spettacolo unico che induce e facilita la preghiera

città del mondo, e la zona del Mar Morto. Quest'ultima è dal punto di vista ambientale e ricca di testimonianze legate alla Bibbia (l'oasi di En Gedi, di cui si parla nel *Cantico dei Cantici*) e alla storia ebraica in genere (Qumran, nota per il ritrovamento di importanti manoscritti, e Masada, fortezza erodiana che resistette per due anni all'assalto delle truppe romane). Si può raggiungere Gerusalemme da nord anche utilizzando le autostrade che passano parallele alla costa del Mediterraneo. In questo caso si possono visitare Akko (l'antica San Giovanni d'Acri dei crociati), Cesarea Marittima (che fu sede dei procuratori romani e dalla quale Paolo salpò alla volta di Roma) e Tel Aviv (città interamente ebraica, sorta poco più di un secolo fa e legata alle memorie della fondazione dello Stato d'Israele).

La Giudea e Gerusalemme

Finalmente i pellegrini giungono a Gerusalemme. Se qualche altra tappa può rivestire carattere soprattutto turistico-culturale, la Città Santa – per quanto bellissima anche dal punto di vista storico e architettonico – rappresenta il cuore del pellegrinaggio in Terrasanta.

Betlemme, Chiesa della Natività

L'esperienza suggerisce di risiedere in città per alcuni giorni, facendo della visita al Santo Sepolcro il vertice di una "esplorazione" che può iniziare con lo sguardo alla città vecchia da alcune alture circostanti (Monte Sion, Monte Scopus, Haas Promenade, ecc.). Quindi si può proseguire attraversando i quattro quartieri entro le mura (armeno, ebraico, musulmano e cristiano), per poi visitare la città a nord-est (antica capitale all'epoca del mandato britannico, nella prima metà del '900) e quella a ovest, che rappresenta ormai il centro della grande Gerusalemme (qui si visitano il Parlamento, il Museo d'Israele e quello delle Terre della Bibbia, la Sinagoga italiana e il Memoriale dell'Olocausto). I dintorni di Gerusalemme sono pieni di memorie cristiane: il Monte Sion, il Monte degli Ulivi, il villaggio di Ain Karim (dove si situa l'incontro tra Maria ed Elisabetta) e soprattutto Betlemme, città natale di Gesù. Qui si visita una delle più antiche e significative chiese di tutta la Terrasanta: la basilica della Natività, fatta edificare dall'imperatrice Elena, madre di Costantino (IV sec.), e poi ricostruita a poco tempo di distanza.

Il deserto, verso il Sinai

A sud di Betlemme, superata Ebron (la città del patriarca Abramo), ci si avvicina alla zona del Negev, il deserto che occupa la parte inferiore del territorio israeliano. Un passaggio da questi luoghi permette di calcare idealmente le orme degli antichi personaggi biblici e consente di raggiungere il confine con l'Egitto, a Taba. Da qui si può salire, in poche ore, a Santa Caterina, località costruita

attorno a un antico monastero bizantino che ha l'aspetto di una poderosa fortezza. Il monastero di Santa Caterina del Sinai è tuttora sede di una comunità monastica ortodossa, che custodisce, tra l'altro, una biblioteca con manoscritti importantissimi. Da qui prende avvio l'ascesa al Monte Sinai. Pellegrini e turisti di solito salgono nel corso della notte, per poter assistere al sorgere del sole dalla vetta che porta il nome di Mosè (Gebel Muse).

Lo sguardo dal Monte Nebo

La memoria di Mosè è collegata a un altro luogo, situato però questa volta nel territorio dell'attuale regno hashemita di Giordania. Dalla sommità del Monte Nebo colui che fu la guida del popolo d'Israele fuori dall'Egitto e nei quarant'anni di traversata del deserto, ebbe la visione della meta. Dio infatti impedì alla generazione degli anziani di entrare nella Terra promessa, ma diede a Mosè il dono di vederla in tutta la sua estensione: «… Galaad fino a Dan, tutto Neftali, la terra di Efraim e di Manasse, tutta la terra di Giuda fino al Mare Mediterraneo, il Negev, il distretto della valle di Gerico, città delle palme, fino a Zoar». (Dt 34,1b-3).

Monte Nebo

Anche il pellegrino o il turista, se hanno la possibilità di entrare in Israele giungendo da uno dei tre valichi di frontiera con la Giordania, avranno visitato un paese carico di luoghi bellissimi (Wadi Rum, Petra, Gerasa) e di memorie cristiane significative (i mosaici di Madaba e di Umm ar Rasas, i castelli crociati di Kerak e Shobak). Faranno loro il cammino del popolo ebraico: dall'Egitto, alle zone a est del Giordano, alle regioni che hanno per capitale Gerusalemme. Un viaggio unico, il pellegrinaggio dell'anima.

Veduta panoramica della Spianata del Tempio a Gerusalemme, nel cuore della Città Vecchia, luogo santo per ebrei e musulmani

GALLETTE DEI PELLEGRINI

PROCEDIMENTO

Impastare la farina con il burro freddo sbriciolato. Aggiungere l'acqua e lavorare velocemente fino a ottenere un impasto omogeneo. Lasciare riposare la pasta avvolta nella pellicola trasparente per un'ora in frigorifero. Scaldare il forno a 190°C, stendere la pasta fino a ottenere una sfoglia spessa mm 8/10 e tagliarla in quadrati di cm 5x5; disporre le gallette su una placca ricoperta con la carta da forno, realizzare 9 buchi posti a distanza regolare e cuocere per circa 30 minuti. Le gallette così ottenute possono durare diversi giorni e accompagnare salumi e formaggi. Per i lunghi viaggi in mare, venivano impastate senza burro, per durare molti mesi.

ingredienti

- 500 g FARINA 00
- 50 g BURRO
- 500 ml ACQUA TIEPIDA
- 15 g SALE

Il racconto di Frescobaldi

Biscotti energetici e immarcescibili, ideali per il viaggio oltremare, menzionati spesso nei resoconti dei viaggiatori che si recavano nella terra di Gesù. È il caso del notissimo *Viaggio in [Egitto e in] Terrasanta* (1385) del politico, scrittore e viaggiatore toscano Leonardo Frescobaldi, morto nei primi anni del Quattrocento. Nel 1384-1385, Frescobaldi si recò negli attuali Egitto e Israele su commissione di alcuni nobili ed ecclesiastici del tempo, che gli avevano chiesto di stendere un resoconto accurato. Accompagnato da un interprete locale, l'italiano attraversò varie peripezie e fece numerosi incontri, descritti con prosa molto vivace in fiorentino schietto.

BISCOTTI AL MONACO GRECO

Monastero della Quarantena.

Nel racconto di Frescobaldi si ricorda, tra l'altro, la visita al **Monastero della Quarantena sopra Gerico**, un gruppo di casupole abbarbicate sulla roccia dove pochi monaci cristiani ortodossi fanno memoria delle tentazioni subite da Gesù. Queste le sue parole, con lievi correzioni lessicali per facilitare la lettura: «Quella sera albergammo in un caravanserraglio ai piedi del monte della Quarantena, e quivi fummo male ricevuti. La mattina successiva, al fare del giorno, ci avviammo verso il monte della Quarantana, dove Iddio digiunò quaranta dì e quaranta notti, e in quello luogo fu tentato dal demonio [...]. **A questo monte si sale difficilmente e per viottole, che di sotto e di sopra hanno grandissime ed erte ripe**. [...] Qui incontrammo un eremita cristiano proveniente dalla Grecia, che pareva padre del deserto: pallido e magrissimo, con gli occhi infossati, scuro come un morto. A costui lasciamo un poco di biscotto, e lui se ne rallegrò come se fosse divenuto ricco». Come è evidente, **questo tipo di galletta, che era fatta per durare mesi** (e se veniva usata nella traversata era detta "biscotto di mare") aveva capacità di sostenere, l'eremita greco come il pellegrino.

ZUPPA DI ASCALONA

ingredienti

- 300 g FAGIOLI ALL'OCCHIO SECCHI
- 4 SCALOGNI
- 4 FETTE DI PANE
- 1 SPICCHIO D'AGLIO
- 1 RAMETTO DI ROSMARINO
- SALE E PEPE
- 3 CUCCHIAI DI OLIO EXTRAVERGINE D'OLIVA

PROCEDIMENTO

Soffriggere lo scalogno tritato nell'olio, aggiungere i fagioli precedentemente ammollati (controllare le indicazioni sulla confezione), come pure il rametto di rosmarino, e lasciare tostare per un paio di minuti. Coprire con acqua calda o brodo vegetale, regolare di sale e lasciare cuocere per circa 30 minuti. Nel frattempo bruscare le fette di pane e insaporirle con una strofinata di aglio. Servire la zuppa bollente con il pane, un giro di olio crudo e una macinata di pepe.

Pellegrini con un nome speciale

I tre maggiori pellegrinaggi medioevali davano diritto a chi li avesse compiuti a dotarsi di nomi e simboli tradizionali, chiaramente indicati da Dante Alighieri nella *Vita Nova*. In primo luogo **coloro che andavano a San Giacomo di Compostela erano detti Pellegrini** e avevano come simbolo la conchiglia; a loro volta, **quanti si dirigevano a Roma erano chiamati Romei**. E **coloro che intraprendevano la strada rischiosa per Gerusalemme**? **Erano detti Palmizi** e avevano per simbolo la palma, pianta che si trova spesso in Palestina.

La conchiglia, simbolo del Cammino di Santiago, rimanda ai primi pellegrini che nel Medioevo compirono questo pellegrinaggio

PANE LIEVITATO E PANE SCHIACCIATO

I pellegrini del Medioevo, descrivevano la Terra Santa come «una terra di frumento e d'orzo, di viti, di fichi e melograni, una terra d'olio, di olivi e di miele». Qui si trovavano anche i fagioli all'occhio (gli unici conosciuti prima della scoperta dell'America) e le caratteristiche cipolle di Ascalona, chiamate appunto scalogni. C'era, come oggi, pane in gran quantità, lievitato e schiacciato, quasi sempre bianco, grazie all'abbondante produzione di frumento tipica dalla Palestina, a differenza dell'Europa dove scarseggiava e, per questo, il pane era spesso scuro, prodotto con la segale o altri cereali.

HUMMUS E UOVA SODE

ingredienti

- 4 UOVA INTERE
- 200 g CECI SECCHI
- 1 SPICCHIO D'AGLIO
- ½ CUCCHIAINO DI CUMINO
- ½ CUCCHIAINO DI PAPRIKA PICCANTE
- 1 LIMONE
- 50 ml OLIO EXTRAVERGINE D'OLIVA
- 1 MAZZETTO DI MENTA FRESCA
- SALE

PROCEDIMENTO

Preparare anzitutto l'hummus facendo bollire i ceci, tenuti in ammollo dalla sera precedente, fino a quando diventeranno teneri. Scolare i ceci (conservando un poco di acqua di cottura) e saltarli per qualche minuto in una padella dove si è fatto imbiondire, in due cucchiai di olio, l'aglio affettato. Frullare tutto, insaporire con il cumino e il succo di limone, regolare di sale e lavorare ancora con il frullatore fino a che la crema risulti soffice e cremosa, aggiungendo eventualmente un po' di acqua di cottura. Nel frattempo, in un pentolino, con acqua fredda leggermente salata rassodare le uova facendole sobbollire per 8 minuti. Raffreddarle, sgusciarle e tagliarle in quattro spicchi. Nel piatto di portata disporre l'hummus, condito con abbondante olio di oliva, paprika, le foglie di menta fresca e, al centro, gli spicchi di uova sode.

Ma quale "Terra Santa"?

Per i cristiani l'espressione "**Terra Santa**" indica la regione dell'attuale Stato di Israele, compresi i territori palestinesi e il Regno hashemita di Giordania. **È il luogo in cui Gesù ha esercitato il suo ministero**. Il suo cuore è Gerusalemme, dove il Santo Sepolcro è il simbolo del radicamento storico di Cristo. Al di là del carattere singolarissimo e simbolico della regione, un viaggio religioso-culturale o un pellegrinaggio in Terrasanta permettono una migliore comprensione delle Sacre Scritture.

CIBI RICHIESTI

A differenza della preparazione che porta questo nome di altre zone del Medio Oriente, l'hummus palestinese prevede l'impiego della menta ma è senza tahina, quindi più amabile. L'associazione con le uova sode non stupisce, dato che vari pellegrini medievali ricordano nei loro diari come comprassero e mangiassero uova per esempio a Betlemme (insieme con pane e vino), a Gaza (condite con aceto) o durante la discesa al Mar Morto. Oggi la città araba, in territorio israeliano, dove si gusta l'hummus più rinomato del paese è Abu Gosh, non distante da Gerusalemme, sulla strada per Tel Aviv. Qui famiglie ebree e arabe si incontrano sugli stessi tavoli a consumare un pasto festoso e saporito.

Dall'Egitto alla Terra Santa

Come si è detto, la Terrasanta biblica comprende anche i territori dell'attuale Palestina e della Giordania. Non è però infrequente che un pellegrinaggio verso Gerusalemme preveda qualche tappa in territorio egiziano, soprattutto nella penisola del Sinai.
Così facendo, il viandante odierno ripercorre idealmente il tragitto del popolo di Israele, che fu schiavo in Egitto, liberato da Dio attraverso il Mar Rosso, condotto nella Terra promessa attraverso il deserto.

KIBBEH ARABE

ingredienti

- 600 g POLPA D'AGNELLO MACINATA
- 200 g BULGUR
- 2 CIPOLLE
- 1 CUCCHIAINO DI CUMINO
- 10 FOGLIE DI MENTA
- SALE E PEPE
- 2 CUCCHIAI DI OLIO EXTRAVERGINE D'OLIVA
- 500 ml OLIO DI SEMI PER FRIGGERE

PROCEDIMENTO

Lasciare a bagno il bulgur secondo le istruzioni in confezione. In una padella antiaderente imbiondire una cipolla tritata finemente in due cucchiai di olio, aggiungere g 200 di carne e saltare per 5 minuti. Salare, pepare e insaporire con il cumino in polvere, cuocere per altri 5 minuti, poi togliere dal fuoco e lasciare raffreddare. In una terrina mescolare il bulgur perfettamente strizzato con il resto della carne e una seconda cipolla tritata; aggiungere la menta sminuzzata, regolare di sale e lavorare fino a ottenere un impasto omogeneo. Nel palmo della mano, lavorare una presa abbondante di impasto, posizionare al centro un cucchiaino di carne cotta e chiudere le polpette, dando loro la caratteristica forma allungata. Continuare così fino a esaurire i composti. Friggere le polpette in abbondante olio bollente e servire subito.

Una cena festosa con i monaci ortodossi

L'agnello fu protagonista della cena monastica di un noto viaggiatore francese dell'800. Pierre Loti (pseudonimo di Louis M. Julien Viaud, 1850-1923, viaggiatore, scrittore, accademico di Francia) che descrive il suo viaggio dal Sinai a Gaza. Sosta più giorni ai piedi del monte identificato col Sinai biblico (Gebel Muse), dove si trova il monastero-fortezza ortodosso di Santa Caterina del Sinai, edificato da Giustiniano e tuttora abitato da una comunità monastica. Qui lo scrittore e i suoi compagni di viaggio soggiornano nella foresteria, messa a disposizione dai monaci e provvedono in proprio al cibo. L'ultima sera del soggiorno i domestici siriani di Loti «si danno alla grande cucina e cucinano un agnello comperato dai beduini di giù, perché padre Daniele [che ha loro fatto da guida] e il padre economo devono condividere la nostra ultima cena, per l'addio, che verosimilmente sarà eterno» (*Il deserto. Un viaggio attraverso il Sinai*, Editori Riuniti, Roma 2002, p. 57).

CARRUBE DEI CROCIATI

PROCEDIMENTO

Accendere un fuoco e produrre una brace abbondante. Nel frattempo lavare le carrube fresche (scegliendo le più carnose) e avvolgerle singolarmente in carta da forno umida e successivamente in un paio di fogli di alluminio. A lato del fuoco adagiare le carrube e coprirle con la brace. Lasciarle cuocere per circa 15 minuti poi gustarle calde senza ulteriore condimento.

Un cibo energetico

Sappiamo che **il carrubo fu l'alimento base dell'esercito della terza crociata durante il lunghissimo assedio di San Giovanni d'Acri**, che si concluse con una terribile carneficina ordinata dal re d'Inghilterra Riccardo Cuor di Leone (1191). La ragione di questa dieta particolare fu dettata dalla carestia e dal fatto che, come i datteri, **i carrubi si trovano senza problemi in Terrasanta**, e sono un cibo nutriente ed energizzante.

ingredienti

500 g CARRUBE FRESCHE

UNA TAVOLA IMBANDITA

Tra i tanti frutti della terra che comparivano sulle tavole dei pellegrini e dei soldati, è documentato l'uso in quantità da parte dei Cavalieri Templari di olio, di ottimo vino proveniente dagli abbondanti vigneti delle colline palestinesi, di miele e canna da zucchero per addolcire le bevande.
Nei pranzi e nelle cene dell'epoca, a differenza dell'Europa, si gustavano meloni e angurie, melograni, banane, fichi, limoni e arance (dall'arabo "narange").

YOGURT E ZA'ATAR

ingredienti

- 500 g YOGURT DI CAPRA
- 4 CUCCHIAINI DI ZA'ATAR
- OLIO EXTRAVERGINE D'OLIVA

PROCEDIMENTO

In un pentolino scaldare lo za'atar con 4 cucchiai di olio per 5 minuti senza farlo soffriggere. Dividere lo yogurt in quattro coppette, coprire la superficie con l'olio e le spezie e servire.

Pregare verso Gerusalemme?

Tutti sanno che i musulmani pregano indirizzandosi alla Mecca. Ma in un primo tempo essi si rivolgevano a Gerusalemme. Anche per loro infatti la capitale d'Israele è una importante e santa città (non a caso quella che in ebraico è detta *Yerusholaim* diventa in arabo *Al Quds,* ovvero "La Santa"). La particolarità di Gerusalemme è di essere stata il punto di partenza del viaggio notturno, o "ascensione" di Maometto dal tempio al trono di Dio. «Gloria a Colui che trasportò il servo [di Dio] la notte dalla moschea sacra alla moschea lontana [...] per mostrargli alcuni dei nostri segni» (*Corano*, 17,2). Dove con "moschea santa" si allude alla Mecca e con "lontana" la città di Gerusalemme (o, come oggi si intende comunemente, una delle due moschee costruite sulla spianata dell'antico tempio ebraico: quella più a sud).

La Basilica del Santo Sepolcro e alle spalle la cupola della Roccia

Le tante tradizioni gastronomiche

Una peregrinazione di massa, via nave, fu quella che coinvolse gli ebrei europei dalla metà dell'Ottocento ai primi anni di vita dello stato d'Israele (fondato nel 1948). In questo caso fu il porto di Giaffa (oggi Yafo, parte dell'agglomerato urbano della metropoli di Tel Aviv) a rappresentare l'approdo più frequentato. **Il ritorno degli Ebrei da tutto il mondo ha portato in Israele usi, abbigliamenti e cibi che poco hanno a che fare con questa terra**. Caso diverso è quello degli ebrei che provenivano dai paesi del cosiddetto Levante (Grecia, Turchia, Siria, Libano, Giordania ed Egitto); la cui l'alimentazione, pur varia, ha a che fare con prodotti usati anche in terra d'Israele, come quelli menzionati in questa ricetta importata da ebrei africani.

CAPITOLO II

La Via Francigena

L'itinerario principe del Medioevo raggruppava un fascio di strade confluenti nella cosiddetta *Via Francigena* che da Canterbury portava a Roma. Questa rete di collegamento tra nord e sud dell'Europa era percorsa da molte persone e per motivi diversi. La sua origine riporta alle antiche strade romane, poi ampliata dai longobardi e completata dai franchi, che la prolungarono sino al Mare del Nord. Proprio dai franchi, prese il nome di *Via Francigena.* Una ricca serie di varianti rendeva il cammino più vicino a un "territorio-strada" che a un sentiero ben definito. Il percorso divenne una delle vie di comunicazione civile, militare e di commercio più importanti del Vecchio Continente. Fu in seguito praticamente abbandonato prima di tornare a essere oggetto di grande attenzione dal giubileo del 2000 in poi.

Costruita nel XII secolo, la cattedrale di Canterbury è uno dei capolavori del gotico inglese. La costruzione terminò nel 1498 con l'aggiunta della torre di Bell Harry, dal nome del Priore Enrico di Eastry.

L'arrivo dei pellegrini

Un'insegna della Via Francigena

Fu soprattutto all'inizio del X secolo d.C che una miriade di pellegrini, in viaggio per Roma, affollò il noto tracciato. Questa via attesta, infatti, l'importante ripresa, in epoca medioevale, della prassi del pellegrinaggio verso i centri della cristianità: innanzitutto Gerusalemme, di cui abbiamo già parlato; quindi Roma, luogo del martirio dei santi Pietro e Paolo; infine Santiago de Compostela, di cui ci occuperemo nel prossimo capitolo. Il viaggio era compiuto prevalentemente a piedi (per ragioni penitenziali) e poteva anche essere delegato, fatto cioè da un'altra persona se il titolare del voto fosse stato lecitamente impedito per malattia o altra grave causa. Il pellegrino inoltre viaggiava normalmente in gruppo e portava le insegne tipiche (la croce per Gerusalemme, la chiave per San Pietro a Roma, la conchiglia per Santiago de Compostela).

Il tracciato di Sigerico

Il tracciato della *Via Francigena*, come la conosciamo oggi, è mutuato da alcuni documenti storici. Uno dei primi è il *Diario di Sigerico*, arcivescovo di Canterbury. Nel 990 egli fece ritorno da Roma, dove si era recato per ricevere dal Papa il pallio, una piccola sciarpa di stoffa che caratterizza i metropoliti durante le celebrazioni. Un viaggio che molti avevano compiuto prima di lui, ma che Sigerico pensò di fissare per iscritto. Il vescovo inglese ci ha lasciato così un preciso elenco delle 79 tappe in cui si era articolato il viaggio da lui compiuto per rientrare in Inghilterra. La via è lunga circa 1.600 chilometri.

Le città attraversate dall'itinerario originale sono trentatré: Canterbury, Calais, Bruay, Arras, Reims, Châlons-sur-Marne, Bar-sur-Aube, Besançon, Pontarlier, Losanna, Gran San Bernardo, Aosta, Ivrea, Santhià, Vercelli, Pavia, Piacenza, Fiorenzuola d'Arda, Fidenza, Parma, Fornovo di Taro, Pontremoli, Aulla, Luni, Lucca, Porcari, Altopascio, San Genesio, San Gimignano, Siena, San Quirico, Bolsena, Viterbo, Sutri, quindi Roma. Il Consiglio d'Europa – che ha riconosciuto alla via la dignità di "Itinerario Culturale Europeo" – ha adottato come ufficiale proprio il percorso di Sigerico, descritto in un manoscritto conservato presso la British Library di Londra.

La vitalità di questo percorso, sempre più frequentato da italiani e da stranieri, ha portato alla costituzione dell'*Associazione Ecclesiale Italiana della Via Francigena e delle Antiche Vie di Pellegrinaggio Ad Limina Petri*, in collaborazione con la Conferenza Episcopale Italiana e il Pontificio Consiglio della Cultura.

Il sodalizio ha come compito quello di diffondere la spiritualità cristiana del pellegrinaggio, promuovere eventi, curare l'approntamento dei luoghi di ospitalità e favorire la diffusione del volontariato sulle vie interessate.

Una sola via, tante ricchezze

L'iniziativa ecclesiale citata, insieme ad altre diversamente coordinate, si innesta sulla tradizione che vede la grande strada del pellegrinaggio costellata da ospizi, abbazie, oratori dove i viandanti trovavano ristoro sia per il corpo sia per lo spirito. Molti, infatti, sono i monumenti e i tesori d'arte che arricchiscono i principali centri del percorso, segno di una presenza di pellegrini non occasionale: le splendide cattedrali di Lucca, di Sarzana o di Fidenza – solo per citare le più note –, quella di Acquapendente che custodisce reliquie connesse al pellegrinaggio. L'asse principale originò conseguentemente segmenti che acquistarono col tempo un'attrattiva spirituale autonoma. La *Via Sacra Longobardorum,* variante meridionale della Francigena, ha come riferimento, per esempio, S. Michele Arcangelo, in Puglia. A Bolsena invece si ricorda un miracolo eucaristico che riportò alla fede un sacerdote dubbioso, anch'egli pellegrino a Roma.

Al di là dei monumenti storici e architettonici, è lo stupendo paesaggio italiano a rappresentare un valore aggiunto per il viandante che decida di percorrere la *Francigena.* Certamente un modo per non bruciare le tappe e per introdursi passo dopo passo alle variazioni caratteristiche delle diverse zone della penisola.

Piazza della Cisterna a San Gimignano, la piazza si trova all'incrocio tra le due direttrici principali del borgo alto medievale: la via Francigena e la via Pisa-Siena

RAVIOLIS À L'AIL DES OURS

ingredienti

- 300 g FARINA 00
- 3 UOVA INTERE
- 150 g FONTINA
- 150 g RICOTTA
- 100 g BURRO
- 2 SPICCHI D'AGLIO
- 1 MAZZETTO DI PREZZEMOLO
- SALE

PROCEDIMENTO

Impastare la farina con le uova fino a ottenere una pasta compatta, quindi lasciarla riposare avvolta nella pellicola da cucina per un'ora. Nel frattempo grattugiare la fontina, incorporarla alla ricotta, salare leggermente e lavorare il ripieno fino a che non avrà acquistato una consistenza omogenea. Tirare la sfoglia molto sottile e tagliare delle strisce di cm 3x6. Farcire ogni striscia con un cucchiaino scarso di ripieno, poi chiudere i ravioli, avendo cura che i bordi siano perfettamente sigillati. Cuocere i ravioli in acqua bollente e salata per 5 minuti. In un pentolino fondere il burro con i due spicchi d'aglio schiacciati e lasciare sobbollire per qualche minuto senza che il burro tosti. Togliere gli spicchi d'aglio e condire con il burro fuso i ravioli, decorando il piatto con un trito fresco di prezzemolo.

Ospizio Gran San Bernardo

Un cibo di confine

Questo piatto si può gustare in una delle tappe più impegnative della via, il Passo del Gran San Bernardo, che oggi segna il confine tra Svizzera e Italia. Un valico attraversato da conquistatori, pontefici, esponenti di case regnanti di tutta Europa: una delle porte d'accesso alla penisola per chi provenisse dal Nord. Da circa un millennio qui si trova l'Ospizio del San Bernardo, un edificio massiccio a metà strada tra fortezza, convento e rifugio di montagna. Il luogo è la sede principale dei Canonici regolari di Sant'Agostino, congregazione che ha il compito di accogliere i viandanti e di soccorrerli nel corso del viaggio, che senza adeguata preparazione potrebbe trasformarsi in tragedia. Caratteristica è l'immagine che vede i monaci prestare soccorso ai viaggiatori raggiungendoli sugli sci con un cane forte e affidabile chiamato appunto "San Bernardo", razza allevata proprio accanto all'ospizio.

FARE LA SPESA PER UN ESERCITO

Ancora oggi, **a partire da circa metà ottobre, la vita in questa località cambia totalmente: non potendovi più accedere in macchina, questi luoghi diventano meta di chi ricerca il riposo e coltiva la ricerca spirituale**. L'ospizio può accogliere i viandanti grazie a una attenta previsione delle scorte, che ogni anno comprende una tonnellata e mezza di carne, analogo quantitativo di verdure, una tonnellata di patate, 130 forme di formaggio e 650 chilogrammi di pane.

ingredienti

- 1,2 l BRODO DI CARNE
- 4 UOVA FRESCHE
- 80 g GRANA PADANO GRATTUGIATO
- 80 g PANGRATTATO
- 1 BUSTINA DI ZAFFERANO
- ½ CUCCHIAINO DI CANNELLA
- ½ CUCCHIAINO DI NOCE MOSCATA
- UNA PRESA DI ZENZERO IN POLVERE
- SALE

ZANZARELLI

PROCEDIMENTO

In una terrina mescolare il formaggio e il pane grattugiati, aggiungere le uova sbattute e mescolare fino a ottenere un composto non troppo denso. Portare a ebollizione il brodo, unire lo zafferano, poi versare l'impasto in un colpo solo nel brodo. Mescolare il tutto con una frusta fino a quando non riprenderà bollore. Attendere che l'impasto rassodi e la zuppa diventi granulosa. Servire bollente con una leggera spolverata di spezie.

La storia della ricetta

La ricetta degli zanzarelli è tratta dal *Libro de arte coquinaria* del maestro Martino da Como (1450 circa). Si tratta di uno dei piatti tipici, proposto da conventi e osterie lungo la strada che portava a Roma. Tra le minestre caratteristiche del cammino era una delle più nutrienti, dal momento che mescola uova e formaggio, dando così energia e proteine. Gradita sulle tavole conventuali perché non prevedeva l'uso di carne, se non eventualmente nella forma di brodo come nella versione qui proposta da noi. A volte il composto veniva incorporato in una zuppa di verdure, rendendo il tutto ancor più gradevole.

OSPITALITÀ E GASTRONOMIA

Secondo una nota teoria, la religione produce economia. Questo vale certamente per la pratica del pellegrinaggio. I viandanti, più o meno abbienti, devono mangiare, bere, dormire, essere alloggiati, lavarsi, curarsi in caso di malattie. E questo ha portato allo sviluppo di *luoghi-tappa*, con ristori o vere e proprie locande. Anche molti monasteri e abbazie si dotarono di efficienti foresterie, dove gli ospiti venivano accolti nel rispetto della regola benedettina e delle sue molteplici varianti. L'ospite in questo caso non può restare più di tre giorni, è invitato (ma non obbligato) a presenziare alle funzioni religiose, è accolto alla tavola dei monaci (che per l'occasione possono interrompere il silenzio e conversare).

Spesso, in alcuni monasteri agli ospiti più illustri o abbienti veniva servito un pasto più ricco, comprensivo di arrosti, pesce e cacciagione.

GNOCCHI DEL VIANDANTE

ingredienti

- 500 g FARINA DI CASTAGNE
- 300 g FARINA 00
- 300 ml ACQUA TIEPIDA
- ½ CUBETTO DI LIEVITO DI BIRRA
- 300 g BURRO
- GRANA PADANO GRATTUGIATO
- SALVIA FRESCA
- SALE

PROCEDIMENTO

Setacciare e mescolare le due farine, aggiungere un pizzico di sale e impastarle con l'acqua in cui sarà stato precedentemente sciolto il lievito. Lavorare l'impasto fino a renderlo compatto e omogeneo, poi coprirlo con uno strofinaccio e lasciarlo riposare in ambiente caldo per 2 ore. Dopo la lievitazione, riprendere la pasta, farne delle strisce e tagliare gli gnocchi delle dimensioni di una nocciola. Cuocerli in abbondante acqua salata per 15 minuti. Scolare gli gnocchi e condirli con il burro tostato con la salvia e abbondante formaggio grattugiato.

Una ricetta degli Appennini

Questa ricetta veniva proposta anche dai frati di san Jacopo di Altopascio, un ordine ospitaliero che offriva accoglienza a pellegrini e viandanti lungo la Francigena. La loro regola dava indicazioni circa l'alimentazione degli ospiti e le cure mediche da prestare ai camminatori.

MANGIARE E DIGIUNARE

Ospitare i pellegrini in monastero non era un problema. Le comunità monastiche e conventuali avevano regole che lo permettevano, anzi raccomandavano **l'accoglienza dell'ospite - come se fosse Cristo stesso che chiedeva di essere accolto in casa**. Per questa ragione la tavola monastica era sana e talvolta ben fornita. Questo non significa che all'ospite fosse permesso tutto: **in monastero si rispettavano i precetti della Chiesa per quanto attiene in particolare ai giorni prescritti di digiuno e a quelli in cui bisogna astenersi dal mangiare carne**. Ecco perché si suppliva ricorrendo a ricette vegetariane – come il timballo di cavolo – oppure servendo pesce, quando possibile. Nell'epoca dei pellegrinaggi medievali, per esempio, si diffonde la preparazione dello *scapece*: pesce marinato, con aglio, olio, cipolla, mentuccia e aceto.

TIMBALLO AL VERDE

PROCEDIMENTO

Lessare al dente le cime dei broccoli. Impastare nel frattempo la farina con metà dell'olio, un pizzico abbondante di sale e l'acqua necessaria per ottenere un composto sodo e omogeneo. Dividere in due parti leggermente diverse e lasciare riposare. In una casseruola scaldare l'olio rimasto con l'aglio tritato e le acciughe precedentemente dissalate e pulite. Quando l'aglio sarà imbiondito, aggiungere il broccolo e fare saltare vivacemente per 3 minuti, salare leggermente, aggiungere i pinoli pestati e lasciare riposare per altri 5 minuti. Stendere la parte maggiore della pasta fino a ottenere un disco largo cm 2 in più del diametro della teglia. Posizionare la pasta nella teglia e farcirla con il cavolo saltato e intiepidito. Coprire con il secondo disco di pasta e sigillare i bordi. Ungere e bucherellare la superfice. Cuocere in forno a 180°C per circa 30 minuti.

UN PIATTO DI STRETTISSIMO MAGRO

Padre Gaspare Dellepiane pubblicò nel 1880 a Genova *La cucina di strettissimo magro*. L'autore intendeva aiutare chi deve proporre cibi di magro «come anche per far evitare certe preparazioni ingrate al palato, e talune volte anche dannose allo spirito» (dalla *Prefazione alla seconda edizione*).

ingredienti

- 1 kg CAVOLO ROMANO O BROCCOLI
- 300 g FARINA 00
- 16 CUCCHIAI DI OLIO EXTRAVERGINE D'OLIVA
- 4 SPICCHI DI AGLIO
- 8/10 ACCIUGHE SOTTO SALE
- 40 g PINOLI
- SALE

Un eremita alla corte del re

Il ricettario del Dellepiane era idealmente ispirato a san Francesco di Paola, il santo calabrese (1416-1507) che fondò la congregazione dei Minimi. Per gran parte dei suoi 91 anni Francesco d'Alessio (questo il nome di famiglia del religioso) visse in spirito di penitenza, regime che fece perfettamente da sfondo a un libro di ricette dedicato alla pratica dello strettissimo magro. In realtà la sua vita fu piuttosto movimentata. Appena entrato in convento, compì con i suoi famigliari un pellegrinaggio – impegnativo per l'epoca – sui luoghi della vita di san Francesco d'Assisi, a cui era devotissimo; il viaggio toccò anche Roma, Loreto e Montecassino. Dopo quarant'anni di vita eremitica a Paola, la fama avvolta di santità e di guarigioni miracolose spinse il re di Francia Luigi XI a recarsi da lui per guarire da grave malattia. Su sollecito del re di Napoli e del Papa, a quasi 70 anni, Francesco lasciò la Calabria alla volta di Salerno, poi di Napoli, Roma e la Francia. Qui rimase oltre vent'anni, avendo la stima dei re Carlo VIII, successore di Luigi XI, e Luigi XII. Morì a Plessis-lez-Tours il venerdì santo del 1507.

TORTA DEI BISCHERI

PROCEDIMENTO

Bollire il riso in acqua salata e aromatizzata con la cannella. Scolarlo e unirvi subito il cioccolato e il cacao; lavorare vigorosamente e lasciare raffreddare. Sbattere le uova e incorporarle al riso, poi aggiungere l'uvetta, i canditi, lo zucchero, il liquore e una grattugiata di noce moscata. In una bacinella sbattere i tuorli d'uovo con lo zucchero, aggiungere il burro liquefatto, il lievito e la scorza di limone. Unire la farina fino a ottenere una pasta frolla. Lasciare riposare per mezz'ora. Stendere la pasta e ricavare un disco di qualche cm più grande della teglia e stendervela. Disporre il ripieno, livellarlo e infine modellare il bordi a forma triangolare (i bischeri). Cuocere in forno a 180°C per 90 minuti circa.

Una ricetta codificata

La ricetta qui riportata è dettata dal disciplinare approvato nel 2011 dalla Provincia di Pisa. Esistono infatti molte varianti di questo dolce e l'ente locale ha voluto ufficializzare la preparazione originale, che ha origine a Pontasserchio, nei pressi di Pisa appunto. La torta fin dall'inizio del XVI secolo veniva offerta a quanti si recavano in pellegrinaggio nella cittadina toscana il 28 aprile, festa del Crocifisso dei Miracoli.

ingredienti

Per la pasta frolla

- 4 TUORLI
- 250 g ZUCCHERO
- 100 ZUCCHERO VANIGLIATO
- 5 g LIEVITO IN POLVERE PER DOLCI
- FARINA BIANCA
- 1 LIMONE (SCORZA GRATTUGIATA)

Per il ripieno

- 200 g RISO
- 200 g CIOCCOLATO FONDENTE
- 100 g CACAO
- 150 g UVETTA SULTANINA
- 100 g FRUTTA CANDITA MISTA
- 200 g ZUCCHERO
- 100 g ZUCCHERO VANIGLIATO
- 3 UOVA INTERE
- NOCE MOSCATA
- 1 BICCHIERINO DI LIQUORE STREGA
- RHUM A PIACERE
- 1 STECCA DI CANNELLA

Accoglienza sulla Via

L'usanza di offrire questa torta ogni 28 aprile ricorda l'accoglienza che in molti borghi italiani veniva offerta ai pellegrini della via Francigena: **molti ospitavano i pellegrini nella loro casa, altri invitavano a condividere un pasto.**
I tempi sono cambiati, ma l'ospitalità non è finita. Per esempio, a Enrico Brizzi (scrittore italiano che ha esordito nel 1994 con *Jack Frusciante è uscito dal gruppo*) è capitato di percorrere a piedi alcune zone dell'Italia centrale. La seconda tappa del suo cammino si svolgeva nella Maremma. Qui venne accolto per una notte in una fattoria dove la padrona di casa «riempie le scodelle con una zuppa a base di pane raffermo, uova e verdura», molto gradevole e nutriente (*Nessuno lo saprà. Viaggio a piedi dall'Argentario al Conero*, Mondadori, Milano 2006, p. 50).

MINESTRA ROMANA DI FAVE

PROCEDIMENTO

In una pentola di coccio mescolare l'acqua fredda e il vino, aggiungere la cipolla tritata, le fave – precedentemente lavate e lasciate eventualmente in ammollo (seguire le indicazioni sulla confezione) – e portare a ebollizione. Cuocere lentamente per circa un'ora, fino a quando le fave si saranno completamente sfaldate e la zuppa avrà assunto un aspetto cremoso ma non troppo denso (in questo caso aggiungere ancora un poco d'acqua tiepida). Una decina di minuti prima di terminare la cottura, sciogliere nella minestra la bustina di zafferano e regolare di sale. Servire con un generoso filo di olio a crudo.

Attenti ai pellegrini!

Proprio perché tra i pellegrini vi era tutto e il contrario di tutto, non sempre i pastori d'anime esaltavano il pellegrinaggio. San Girolamo, che pur visse buona parte della propria esistenza in Terra Santa, ebbe parole di ammonizione nei confronti di coloro che intendevano raggiungere la Palestina senza adeguata preparazione. Il grande abate cluniacense Pietro il Venerabile, dal canto suo, manifestò i propri dubbi sul fatto che il pellegrinaggio fosse un reale evento di trasformazione spirituale.

ingredienti

- 400 g FAVE SECCHE SPEZZATE E DECORTICATE
- 1 CIPOLLA BIANCA
- 1 BUSTINA DI ZAFFERANO
- 200 ml VINO BIANCO SECCO
- ½ l ACQUA
- 2 CUCCHIAI DI OLIO EXTRAVERGINE D'OLIVA
- SALE

I RICETTARI PER CATEGORIE

La ricetta di questa minestra compare in un volume in cui le diverse ricette sono distinte a seconda della particolare categoria di persone (cavalieri, cardinali, donne, tedeschi, pellegrini...). Questo dato permette di ricordare che nel Medioevo sui grandi itinerari di pellegrinaggio si incontravano personaggi di ogni sorta. Ricchi e poveri, religiosi e gaudenti. L'atmosfera è resa da alcuni classici della letteratura, che evocano i racconti serali con cui i viandanti si intrattenevano attorno al fuoco. Si pensi ai *Canterbury Tales* di Geoffrey Chaucer e al *Decameron* di Boccaccio.

Capitolo III

Il Camino

Tra le mete più note che hanno attratto da sempre un gran numero di pellegrini, originando un reticolo di vie provenienti da più parti, vi è la tomba di san Giacomo apostolo, detto il Maggiore. Si trova nella cattedrale della città che dal santo prende il nome: Santiago di Compostella, nella regione della Galizia, la parte della Spagna che sporge a nord del Portogallo per affacciarsi sulle fredde acque dell'oceano Atlantico.

La tomba di san Giacomo

Secondo la tradizione, Giacomo – uno dei dodici apostoli – dopo la resurrezione di Gesù, raggiunse la penisola iberica e lì si impegnò nell'opera di evangelizzazione. Tornato in Terra Santa fu fatto decapitare dal re Erode Agrippa, discendente del più noto Erode il Grande. I suoi discepoli allora trasportarono segretamente il corpo, via mare, nei luoghi che lo avevano udito predicare. Sbarcati nei pressi di Finisterre, gli diedero sepoltura in Galizia. Per secoli, si persero però le tracce della tomba, che fu riscoperta solo nell'813 grazie all'eremita Pelayo il quale, dopo aver visto una pioggia di stelle cadere sopra un colle, venne raggiunto

in sogno da san Giacomo. Il Santo gli svelò che quelle luci indicavano proprio il luogo del sepolcro. Il vescovo locale, avvertito del fatto, confermò la veridicità dell'accaduto. Ebbe così iniziò il culto di Santiago (contrazione di san Giacomo), attorno a una piccola chiesa eretta sul luogo sepolcrale presso la città che fu denominata Santiago de Compostela (da *Campus stellae*, campo di stelle; oppure *Campos Tellum*, terreno di sepoltura). Alla fine del sec. IX, al posto della prima chiesa ne fu eretta una più grande, incendiata e saccheggiata però nel 997 dai pirati berberi, i quali trasferirono le campane e le porte nella moschea di Cordoba. L'attuale cattedrale di Santiago risale al 1075 e fu poi completata nel XIII sec. Impostata in stile romanico, la basilica subì modifiche tra il XVI e il XVIII secolo.

I pellegrinaggi

A seguito della dominazione araba sulla Spagna, Giacomo divenne il simbolo di quanti intendevano riscattare la penisola dalla presenza dei mori. Il santo venne trasformato allora in un guerriero e molti sono gli episodi che ricordano il suo intervento a favore dei cristiani nell'opera di riconquista, che ebbe compimento solo nel 1492 con la resa di Granada nelle mani dei re cattolici Ferdinando e Isabella. I pellegrinaggi ebbero inizio fin dalla scoperta del sepolcro dell'apostolo. La partenza del pellegrino era contrassegnata dal rito della vestizione, con la consegna della bisaccia e del bordone. Il viandante faceva generalmente testamento e la Chiesa si impegnava a tutelare le volontà stabilite. Tutto ciò conferiva al pellegrino uno status di particolare prestigio certificato pure da lettere credenziali. La scelta di intraprendere il pellegrinaggio era normalmente una libera decisione personale: per chiedere una grazia o per adempiere un voto. Tuttavia in molti casi era imposto anche come pena dal giudice o come penitenza dal confessore.

La rete viaria

Lungo il percorso presero forma i più svariati servizi per la cura dei pellegrini: chiese, monasteri, alloggi, ospizi, ospedali, locande. Una rete che – pur aggiornata negli standard alberghieri, che rimangono però di soglia accessibile, secondo l'usanza – caratterizza ancor oggi l'intero percorso. Il cammino si compone di quattro segmenti che trovano un punto di confluenza nella cittadina di Puente la Reina, in Navarra «da dove i cammini si fanno uno solo», come recita una lapide posta sotto la statua di Santiago che dà il benvenuto ai viandanti.

Di fatto la maggior parte dei pellegrini intraprende il cammino a Saint-Jean-Pied-de-Port, sul versante francese dei Pirenei, o a Roncisvalle: si tratta del cosiddetto *Camino francés*, il più noto troncone che si dirige verso Santiago de Compostela. Il pellegrinaggio a Santiago ebbe rapida diffusione nel mondo cristiano tanto che Dante Alighieri lo cita nella *Vita Nova*. Tra i pellegrini più illustri risulta anche san Francesco. Dopo un parziale declino nel XVIII secolo, il *Camino* conobbe una ripresa sul finire del XX, grazie anche al decisivo contributo dato dalla visita di Giovanni Paolo II, nel 1989, in occasione dell'incontro mondiale della gioventù. Visita ripetuta da Benedetto XVI nel 2010 durante l'Anno santo compostellano: sono chiamati così gli anni in cui la festa di san Giacomo (25 luglio) cade di domenica.
Nel 1987 il Consiglio d'Europa ha dichiarato i percorsi che portano a Santiago "Itinerario culturale europeo", mentre nel 1993 l'UNESCO li ha iscritti nell'elenco dei siti "Patrimonio dell'Umanità".

La città di Finisterre, in Galizia, tradizionalmente tappa finale del *Camino*. I pellegrini qui possono godere di un bagno nell'Oceano in segno di purificazione

ZUPPA DELLA PARTENZA

ingredienti

- 200 g LENTICCHIE VERDI DI PUY
- 50 g PROSCIUTTO CRUDO (O UN SUO OSSO)
- 200 g FOGLIE DI BORRAGINE
- 1 CIPOLLA
- 1 SPICCHIO DI AGLIO
- 4 FETTE DI PANE CASERECCIO
- 50 ml OLIO EXTRAVERGINE D'OLIVA
- SALE E PEPE

PROCEDIMENTO

In una pentola soffriggere delicatamente la cipolla, affettata sottilmente, nell'olio caldo insieme al prosciutto tagliato a dadini; quando questa imbiondisce aggiungere le lenticchie e lasciare insaporire per qualche minuto. Coprire con un litro di acqua bollente e fare cuocere per 15 minuti. Aggiungere l'aglio e le foglie di borraggine spezzettate; salare e portare a cottura per circa 20 minuti. Servire la zuppa bollente con una fetta di pane casereccio tostato e una macinata di pepe.

UNA MINESTRA ENERGIZZANTE

Quella proposta è una zuppa che i contadini offrivano a Roncisvalle: la borragine è la pianta per eccellenza della zona montana, il prosciutto è invece già quello spagnolo, rinomato per la sua qualità. Quanto alle **lenticchie verdi, si tratta di un prodotto tipico di uno dei luoghi di partenza del cammino: Puy en Velay**, dove il sole acido e il clima secco e caldo danno valore a questo legume che si raccoglie da fine luglio a metà settembre. **Non risultano farinose – dal momento che sono povere di amido –, cuociono rapidamente e hanno un gusto delicato; ricche di proteine e ferro come tutte le lenticchie**. L'importanza di questo alimento si capisce in quella che per molti oggi è la tappa iniziale del *Camino* e che anche nel Medioevo era una località di frequente passaggio per chi partiva da Parigi.

MILAGROS DEL SANTO

ingredienti

- 1 CONFEZIONE DI PASTA SFOGLIA
- 80 g MANDORLE DOLCI SPELLATE
- 100 g ZUCCHERO A VELO
- 2 ALBUMI
- 80 g AMIDO DI MAIS
- 100 g MARMELLATA DI ALBICOCCHE

PROCEDIMENTO

Con la carta da forno, realizzare una sagoma di gallo delle dimensioni di circa cm 8-10. Stendere la pasta sfoglia e ritagliare, aiutandosi con la sagoma, tanti galletti di pasta. A parte preparare la glassa, sbattendo gli albumi cui vanno aggiunte le mandorle tritate finemente, lo zucchero e l'amido di mais. Posizionare i galletti sulla placca, coprirli con un filo di glassa e cuocerli per 10 minuti a 200°C. Sfornare e lasciare raffreddare. Solo prima di servirli, aprire i galletti e farcirli con un cucchiaino di marmellata di albicocche.

I galli che cantano salvano una vita

Santo Domingo de La Calzada è una tappa significativa del *Camino*. Qui **si mangiano i biscotti gialli, di cui abbiamo fornito la ricetta, a memoria di una simpatica leggenda**. Un giovane e bel pellegrino andava a Santiago con i suoi genitori, quando una locandiera di Santo Domingo si invaghì di lui. Avrebbe voluto trattenerlo ma nel giovane fu più forte il desiderio di concludere il pellegrinaggio. Sentendosi respinta, la donna mise per vendetta una coppa d'argento nel sacco del giovane e corse a denunciarlo per furto.

Egli fu così condannato all'impiccagione e i genitori non poterono che riprendere tristemente il viaggio verso Santiago. Al ritorno, ripassando da Santo Domingo, trovarono il figlio che, sorretto da san Giacomo, pendeva dalla forca ancora vivo. Corsero subito a dirlo al governatore che non prestò loro fede e additando i polli arrosto che aveva sulla tavola disse: «**Vostro figlio è vivo come i galli che sto mangiando!**». Non aveva ancora finito di parlare che i galletti spennati e ben cotti si rivestirono delle loro bianche penne e si misero a cantare saltellando nel piatto. Il giovane fu immediatamente liberato, il gallo e la gallina trovarono squisita accoglienza in cattedrale.

Lo street food della Galizia

Un modo per onorare la buona cucina delle regioni attraversate dal *Camino* è quello di non appesantirsi, e di scegliere durante il giorno proposte di *street food* in rosticceria per sbocconccellarle durante qualche sosta. Tra i cibi per eccellenza che si prestano a questo scopo, in Galizia, troviamo proprio l'*empanada*, non a caso citata da secoli in vari diari di viaggio. Per esempio, il carmelitano marchigiano fra' Giacomo Antonio Naia, che percorse il *Camino* nel Settecento, ricorda di essere stato ammesso in un convento domenicano a un pranzo festivo durante il quale venne servita una succulenta pasta e fagioli, due pietanze di pesce e appunto l'*empanada* farcita di altro pesce. «Pareva veramente – egli scrive – di mangiare "paneunto" con la carne di porco. Quella pagnotta, che cuociono nel forno, è grossa, e tonda come una delle nostre che chiamano "pane nociato"».

EMPANADA GALLEGA

PROCEDIMENTO

Possibilmente il giorno prima, preparare il ripieno soffriggendo nell'olio le cipolle tagliate finemente; quando saranno imbiondite, aggiungere il tonno, sgocciolato e sbriciolato, e i pomodori affettati. Insaporire con la paprika, regolare di sale, poi cuocere per un paio di minuti mescolando spesso il composto. Aiutandosi con un colino, estrarre l'olio dal composto e lasciarlo raffreddare a parte. Il giorno seguente, sciogliere il lievito in ml 250 di acqua tiepida, mettere la farina sulla spianatoia, aggiungere un pizzico di sale, e iniziare a impastare con l'acqua e l'olio ottenuto dal ripieno. Coprire e lasciare riposare l'impasto ottenuto per un'ora in un luogo tiepido e riparato. Trascorso questo tempo, dividere la pasta in due parti leggermente diverse tra loro e stenderle fino allo spessore di circa mezzo centimetro; adagiare il disco più grande in una teglia rotonda precedentemente unta, quindi farcirlo con il ripieno ottenuto e coprire con il secondo disco di pasta. Sigillare la torta e spennellarla con il tuorlo sbattuto. Cuocere in forno a 180°C per circa 40 minuti.

Dormire e mangiare

Sul *Camino* non è un problema dormire e mangiare, se non talvolta nel mezzo dell'estate. Per dormire funziona egregiamente la rete degli *albergues*, pubblici e privati, **che consentono di cenare, pernottare e fare colazione a un prezzo simbolico**. Son diffusi anche pensioni e alberghi di ogni livello. Per mangiare, di solito a pranzo si rimane leggeri o si approfitta di uno dei menu del giorno (o "menu del pellegrino") offerti da ristoranti e caffè lungo la strada.

ingredienti

- 400 g FARINA 00
- 400 g TONNO SOTT'OLIO
- 2 POMODORI
- 2 CIPOLLE
- 1 TUORLO
- 2 CUCCHIAI DI PAPRIKA DOLCE
- 1 CUBETTO DI LIEVITO DI BIRRA
- 100 ml OLIO EXTRAVERGINE D'OLIVA
- SALE

QUEIMADA

ingredienti

- ½ l ORUJO (ACQUAVITE)
- ½ ARANCIA
- 1 LIMONE PICCOLO
- 50 g ZUCCHERO
- 8 GRANI DI CAFFÈ

PROCEDIMENTO

Sbucciare gli agrumi e ricavare piccole strisce di scorza, privandole della parte bianca amarognola. In un recipiente di terracotta smaltata, versare il liquore, aggiungere le scorze ottenute e lo zucchero, poi mettere sul fuoco e mescolare fino a che quest'ultimo si sia completamente sciolto. Prima che il composto prenda bollore, togliere dal fuoco, servire e, davanti ai commensali, dare fuoco all'acquavite. Quando questa si sarà spenta, offrire la bevanda ancora bollente aggiungendo a ogni tazza un paio di chicchi di caffè.

Un dolce arabo in terra cristiana

La sera i pellegrini si ritrovano spesso a condividere la giornata, rallegrandosi con questo liquore profumato e incendiato che scalda cuori e menti. **Gli astemi si consolano invece con il riso dolce alla cannella** (*arroz con leche*). Si tratta evidentemente di un'eredità dalla dominazione moresca, insieme con alcuni tratti architettonici e un certo modo dolce di prendere la vita.

Che cosa significa Ultreia?

È un saluto di incoraggiamento tra pellegrini sul *Camino*. Dal latino *ultra* (più) ed *eia* (avanti). Il termine è già presente nel *Codex Calixtinus* laddove si afferma: «E Ultreia, e suseia, Deus adjuvanos». L'augurio conosce pure una formula più diretta: «Ultreia, Suseia, Santiago». Come a dire: «Forza, che più avanti, più in alto c'è Santiago».

TARTA DE SANTIAGO

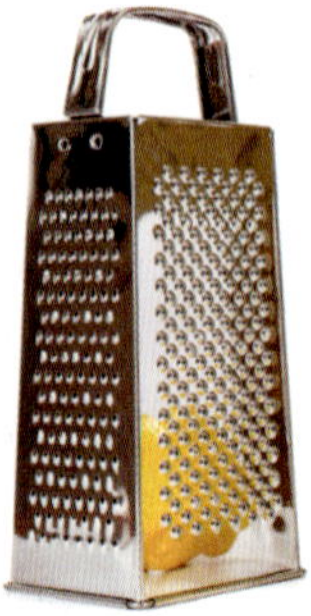

ingredienti

- 250 g ZUCCHERO
- 5 UOVA INTERE
- 250 g FARINA DI MANDORLE
- 1 LIMONE (SCORZA GRATTUGIATA)
- 1 CUCCHIAINO DI CANNELLA
- 50 g ZUCCHERO A VELO

PROCEDIMENTO

In una ciotola montare le uova intere con lo zucchero; aggiungere la farina di mandorle, la scorza grattugiata del limone, la cannella, e lavorare fino a ottenere un composto omogeneo. Versare l'impasto in una teglia dal diametro di cm 25, precedentemente imburrata, e cuocere in forno caldo (180°C) per circa 30 minuti. Nel frattempo, con un cartoncino, realizzare la sagoma caratteristica della croce di Santiago. Sfornare la torta, lasciarla raffreddare, quindi posizionare al centro la croce ritagliata e cospargere il dolce di zucchero a velo. Togliere il cartoncino avendo cura di non rovinare la decorazione e servire.

UNA TORTA REALE

La *tarta de Santiago* è un dolce tradizionale della Galizia. Basti pensare che le prime notizie di questa preparazione risalgono al 1577 quando veniva chiamata "Tarta Real". L'aspetto con il quale è conosciuta oggi invece, si deve a José Mora, fondatore della pasticceria "Casa Mora", che nel 1924, per la prima volta, la decorò con la famosa Croce di Santiago. Dal 2011 inoltre, la Tarta de Santiago è stata registrata con la denominazione IGP. È possibile acquistarla nel mese di luglio e nelle prime settimane di agosto nella maggior parte dei panifici della Galizia e in altre località attraversate dal *Camino*.

UNA CROCE PARTICOLARE

La croce di Santiago è una croce latina, ha il braccio inferiore più lungo degli altri tre. Di colore rosso, simula una spada a forma di fiordaliso. **Propriamente costituiva l'emblema dell'Ordine di Santiago, un ordine religioso militare nato nel XII sec. nel regno di Léon, uno dei principati spagnoli precedenti all'unificazione politica del paese**. Come gli ordini della Terrasanta (ospitalieri e templari) avevano il compito di proteggere i pellegrini che si recavano al Santo Sepolcro di Cristo, così quest'ordine proteggeva i pellegrini lungo il *Camino* e contribuiva a respingere i mori dalla penisola iberica.

COQUILLES SAINT-JACQUES

ingredienti

- 8 CAPESANTE CON IL LORO GUSCIO
- 1 CIPOLLA
- 1 SPICCHIO D'AGLIO
- 50 ml OLIO EXTRAVERGINE D'OLIVA
- 50 ml PANE GRATTATO
- 1 CUCCHIAINO DI PAPRIKA DOLCE
- 1 MAZZETTO DI PREZZEMOLO
- SALE E PEPE

PROCEDIMENTO

In una padella, soffriggere delicatamente l'olio, la cipolla e l'aglio affettati finemente. Quando saranno imbionditi, aggiungere il pan grattato e la paprika e cuocere per un paio di minuti, mescolando spesso. Fuori dal fuoco, infine, incorporare un cucchiaio di prezzemolo fresco tritato e regolare di sale e pepe. Coprire ogni capasanta con il composto ottenuto, condire con un filo di olio e gratinare in forno a 180°C per circa 15 minuti.

Il segno del voto compiuto

La conchiglia che i pellegrini raccoglievano sull'oceano a *Finis Terrae*, alla conclusione del loro itinerario, è divenuta il simbolo più universalmente noto del *Camino*, associata al bordone (il bastone del pellegrino) e, nell'iconografia tradizionale al mantello. Il termine del pellegrinaggio e del voto a esso collegato sono garantiti dalla consegna della *Compostela* presso gli uffici della cattedrale di Santiago. Si tratta di una attestazione redatta in latino rilasciata a chiunque abbia percorso a piedi almeno cento chilometri del *Camino* oppure duecento in bicicletta. Fanno fede i timbri apposti sulla credenziale del pellegrino negli alberghi e uffici turistici distribuiti lungo il percorso.

CAPITOLO IV

Nelle case di Maria

Mircea Eliade, studioso delle religioni, antropologo e scrittore, sosteneva che il primo "centro" di ordinamento del cosmo è il perimetro del tempio ove uomini e donne depongono le spoglie del profano e del quotidiano. Nel tempio si incrociano terra e cielo, immanenza e trascendenza, umano e divino.

I santuari, "centro del cosmo"

Fra questi centri di ordinamento del cosmo si stende una rete di itinerari che avvolgono tutto il nostro globo, percorsi sui quali avanzano gli ebrei che hanno il cuore rivolto a Gerusalemme, i cristiani che accorrono a Roma o nei santuari mariani e dei martiri, i musulmani che pellegrinano alla Mecca, gli indù che si recano ai fiumi sacri o ai loro templi.
Davvero, «le epifanie divine non sono solo da cercare nella rivelazione, nella coscienza, negli eventi, ma si manifestano anche nello spazio sacro dei santuari» (G. Ravasi).

I santuari mariani, luogo della fiducia

Un santuario è per una religione un luogo di culto dove sono venerate sepolture di personaggi importanti o reliquie, o dove la tradizione vuole si sia verificato

un fatto miracoloso. In Italia e nel mondo sono numerosi i cosiddetti *santuari mariani* dedicati a Maria, la madre di Gesù. È valido anche per il pellegrinaggio ai santuari dedicati a Maria quanto insegnava papa Paolo VI con riferimento generale alla pietà mariana: «La missione materna della Vergine spinge il popolo di Dio a rivolgersi con filiale fiducia a colei che è sempre pronta a esaudirlo con affetto di madre e con efficace soccorso di ausiliatrice [...]. La pietà verso la Madre del Signore diviene per il fedele occasione di crescita nella grazia divina» (*Marialis cultus*, 1974). I santuari dedicati alla Vergine Maria punteggiano la geografia di ogni nazione del mondo: dal Vietnam all'Egitto, dal Libano al Sud Africa, dalle Filippine alla Colombia. Insieme a quelli tradizionali ve ne sono un buon numero di recente costruzione, segno che questo filone della spiritualità è tuttora vivace. Le ricette delle pagine successive ci permetteranno di compiere un "tour" ideale nei principali santuari mariani d'Italia e d'Europa. Qui segnaliamo, a titolo esemplificativo, soltanto due luoghi per ogni continente extraeuropeo, che possono costituire altrettante mete di pellegrinaggio (e di curiosità gastronomica!).

Le due (o tre) Americhe

Santuario Nazionale Immacolata Concezione Washington.

Da tempo ormai, i nuclei più cattolici al mondo non sono da ricercare in Europa ma in America: un grande continente che gli europei sono soliti distinguere in nord e sud, dimenticando che anche il centro ha una sua identità specifica. Proprio in questa fascia centrale del continente scoperto da Colombo, si trova la nota Basilica di Nostra Signora di Guadalupe (Messico). L'immagine mariana, chiamata dai fedeli *Virgen morenita* (meticcia, scura) non è solamente il punto di riferimento di una nazione, ma addirittura di un continente, o almeno delle parti centrale e meridionale. Nostra Signora di Guadalupe è infatti venerata dai cattolici come regina e patrona del continente americano. Di fatto sono moltissime le case dei latinoamericani (anche emigrati negli Stati Uniti o in Europa) in cui è conservata e onorata la figura della *Morenita*.
Pure negli Stati esiste un grande luogo dedicato alla Vergine: il Santuario Nazionale dell'Immacolata Concezione a Washington. La basilica è dedicata alla Maria Immacolata, patrona degli Stati Uniti d'America. All'ottavo posto nel mondo per grandezza, il santuario di Washington è visitato ogni anno da milioni di pellegrini. Due chiese (superiore e cripta) costituiscono il complesso circondato da giardini. Qui è conservata la tiara di papa Paolo VI, l'ultimo pontefice a essere stato incoronato con quel simbolo di potere, prima di decretarne la fine dell'utilizzo (1963).

A sinistra, la Basilica di Nostra Signora di Guadalupe, principale luogo di culto cattolico del Messico e di tutta l'America Latina

Dal Vicino all'Estremo Oriente

Il sole che si spegne a Occidente sorge a Oriente: nel continente da cui tutto ha avuto inizio, nella parte del mondo che ispira pensieri spirituali e ricerche, segnaliamo due importanti santuari. Il primo è in Iraq, la terra da cui proveniva il patriarca Abramo, caro alle tre grandi religioni monoteiste: ebraismo, cristianesimo e Islam. Si tratta del Santuario della Madre di Gesù a Komane, città assira fondata più di 3000 anni fa.

La festa qui celebrata con solennità – anche se il santuario conosce un afflusso continuo – è quella del 15 agosto, la Dormizione di Maria, invocata col titolo di Madre di Gesù. Migliaia di iracheni in quella data si recano al santuario in pellegrinaggio. I devoti si preparano spiritualmente con cinque giorni di digiuno, spezzato poi dall'agape fraterna al termine del pellegrinaggio.

Nell'Oriente vero e proprio, entro i confini dello stato più popoloso al mondo, troviamo il santuario di Dong Lu, dedicato a Maria Regina della Cina.

Un santuario nazionale che ospita una famosa immagine della Vergine con il Bambino in braccio, entrambi vestiti in abiti imperiali. Fu lo stesso Pio XI, nel 1932, ad approvare Dong Lu – già frequentato dal 1924, in grazia di un miracolo – come luogo di pellegrinaggio. Per questo, i cattolici cinesi si recano qui anche come espressione di fedeltà alla Santa Sede. Nel 1995 si è verificato un altro fatto prodigioso che ha confermato nei credenti quanto questo luogo sia significativo per la loro fede.

Le Madonne africane

Elementi romani e bizantini nella chiesa di Notre Dame d'Afrique

Alla Nostra Signora d'Africa è dedicata una bellissima basilica posta su un promontorio a nord di Algeri. In questo tempio, edificato tra gli anni '50 e '70 del XIX sec., si venera una Madonna nera. L'abside conserva un'iscrizione particolarmente significativa: *Notre Dame d'Afrique priez pour nous et pour les Musulmans* («Nostra Signora d'Africa pregate per noi e per i Musulmani»). L'invocazione è riportata anche in arabo e in cabilo, una lingua locale: un luogo-simbolo quindi per il dialogo interreligioso. Qui quotidianamente si ritrovano centinaia di musulmani insieme ai pochi cristiani della zona. Molto più recente è il santuario di Nostra Signora del Dolore di Kibeho (Rwanda), consacrato il 31 maggio 2003. I fatti che portarono alla sua edificazione si svolsero tra il 1981 e il 1989. La Vergine si presentò ad alcune ragazze di un collegio studentesco come *Madre del Verbo, Vergine della sofferenza*. Importante (durò otto ore) fu in particolare l'apparizione del 15 agosto 1982. La Madonna preannunciò, con dodici anni di anticipo, lo scoppiò della guerra civile tra le etnie Tutsi e Hutu. Per questo il santuario è stato ed è tuttora meta di pellegrini, senza distinzione razziale, che invocano la pace.

La lontana Oceania

La cattedrale di Darwin, ricorda l'universalità del messaggio cristiano

Anche nell'ultimo continente a comparire sulle carte geografiche non manca la presenza di luoghi spirituali dedicati a Maria. In Australia, in particolare, esistono la cattedrale di Darwin, dedicata a Santa Maria, Stella Maris e il santuario di Marian Valley, dedicato a Nostra Signora, aiuto dei cristiani. Il primo Santuario è stato consacrato nel 1962, vi si venera *Nostra Signora degli aborigeni*, dalla caratteristica iconografia che vede il Bambino in una tipica posa, con una gamba intorno al collo della madre e una mano sulla sua testa. Questa singolare dedicazione è una specie di atto di riparazione storica per la sopraffazione che il popolo indigeno dell'Australia ha subito da parte dei colonizzatori. Il santuario dell'Ausiliatrice, patrona dell'Australia, è sorto invece nel 1995 per ispirazione dei paolini polacchi, invitati in Australia nel 1981, ed è strutturato come una cittadella mariana, visitata ogni anno da migliaia di pellegrini.

A sinistra, il Santuario di Nostra Signora del dolore a Kibeho, simbolo della rinascita del Rwanda che nelle apparizioni mariane ha visto la luce dopo terribili anni di massacri e guerra

BLANQUETTE DI LOURDES

ingredienti

- 1 kg SPEZZATINO DI VITELLO
- 4 CAROTE
- 1 CIPOLLA
- 200 ml PANNA
- 40 g BURRO
- 2 CUCCHIAI DI FARINA
- 12 CHAMPIGNONS
- 1 LIMONE (SUCCO)
- 3 TUORLI
- SALE E PEPE

PROCEDIMENTO

In una casseruola mettere la carne, la cipolla e le carote tagliate a pezzi, coprire con acqua fredda e portare a ebollizione. Cuocere fino a cottura della carne schiumando il brodo. Affettare i funghi e saltarli per qualche minuto in padella con un filo d'olio e un pizzico di sale. Sgocciolare la carne e, a parte, filtrare il brodo. In una casseruola sciogliere il burro, aggiungere la farina e cuocere dolcemente per 5 minuti. Poi aggiungere man mano 2 mestoli di brodo e lavorare con una frusta. Togliere dal fuoco, aggiungere la panna il succo di un limone, i tuorli e lavorare fino a ottenere una crema vellutata; salare e pepare. Rimettere sul fuoco insieme ai funghi, la carne e le verdure. Riscaldare per qualche minuto e servire.

Il piatto dei pellegrini

Chiunque sia stato a Lourdes – il più frequentato santuario mariano d'Europa – avrà certamente assaggiato la *blanquette à l'ancienne*, lo stufato onnipresente nel menù di qualunque albergo o ristorante della città. Preparazioni tipiche della cucina di Lourdes e dei dintorni sono poi l'aragosta lessata con prezzemolo ed erbe, il *cassoulet* (stufato di fagioli e salsiccia) e un piatto povero per eccellenza, ma ora riscoperto dai gourmet: la *piperade* (frittata di prosciutto, aglio e peperoncino).

I MALATI A LOURDES

Lourdes, cittadina francese situata nel dipartimento degli Alti Pirenei, ha raggiunto una notorietà mondiale a partire dal 1858. Quell'anno avvennero infatti **le apparizioni mariane alla giovane Bernadette Soubirous, poi canonizzata**. Tra l'11 febbraio e il 16 luglio 1858, **Bernadette, contadina quattordicenne del luogo, riferì di aver assistito a diciotto apparizioni della Madonna, in una grotta poco distante dal piccolo sobborgo di Massabielle**. Le apparizioni sono tra le più famose riconosciute dalla Chiesa cattolica, che ha anche valutato ufficialmente come prodigiose una settantina di guarigioni, fra quelle che si sarebbero verificate per gli ammalati recatisi a Lourdes in pellegrinaggio. Ancora oggi molte diocesi, comunità parrocchiali e associazioni ecclesiali organizzano frequenti pellegrinaggi a Lourdes, spesso con la partecipazione di persone ammalate.

ingredienti

- 3 PATATE
- 1 CIPOLLA
- 2 SPICCHI D'AGLIO
- 500 g FOGLIE DI CAVOLO NERO
- 200 g CHORIZO (SALSICCIA PICCANTE)
- 1,5 l BRODO VEGETALE
- 4 FETTE DI PANE DI SEGALE
- OLIO EXTRAVERGINE D'OLIVA
- SALE

CALDO VERDE DI FATIMA

PROCEDIMENTO

Imbiondire cipolla e aglio affettati grossolanamente con un filo d'olio, aggiungere le patate pelate e tagliate a tocchetti. Aggiungere l'acqua, salare e portare a ebollizione. Quando le patate saranno a metà cottura, unire le foglie di cavolo, private della costola dura e tagliate finemente, e cuocere per 10 minuti, schiacciando man mano le patate con il mestolo. Nel frattempo, tagliare la salsiccia a fette e saltarla per un paio di minuti in una padella antiaderente. Unire alla zuppa calda il salame e servire con un giro di olio crudo e una fetta di pane nero.

Piatto tipico

Il *caldo verde* è un piatto tipico per le famiglie portoghesi, che di solito usano introdurre il pasto principale della giornata – il pranzo – con una zuppa o una crema cui segue un piatto unico che comprende carne o pesce e verdure. A proposito di cucina portoghese, famosa per le sue dosi esagerate, lo scrittore Antonio Tabucchi (1943-2012) che visitò Lisbona e tutto il paese in lungo e in largo, descrive così una gita dalla capitale a Cabo de Roca, «il punto più occidentale d'Europa. Scogliere scoscese, spiagge vastissime battute dal vento, ville solitarie. E le case dei fari, naturalmente. Fari che avvisano i naviganti e che ora, con la loro luce intermittente, sembrano lanciare un segnale all'amante di percorsi illogici il quale [...] si trova a percorrere un luogo di misteriosa bellezza. Per fortuna c'è qualche osteria nei pressi. Vi si mangiano *amejoas à bulhão pato* (vongole con cipolla e coriandolo) e *carne de porco à alentejana* (carne di maiale con frutti di mare)» (*Viaggi e altri viaggi*, Feltrinelli, Milano 2010, pp. 166-167).

La pace di Fatima

A Fatima, in Portogallo, è stato dedicato un santuario sul luogo delle apparizioni, avvenute nel 1917, di Maria a tre piccoli pastori: Giacinta, Francesco e Lucia (la quale, divenuta monaca di clausura, è morta per ultima alcuni anni fa). Rispetto a Lourdes o ad altri santuari molto visitati, qui il clima di raccoglimento spirituale e di preghiera è salvaguardato con grande attenzione. Capita inoltre di imbattersi in gruppi di pellegrini portoghesi che giungono alla basilica dopo importanti itinerari a piedi e che addirittura percorrono un ultimo tratto in ginocchio. Persone semplici, ma che manifestano senza inutili riserve la centralità della fede nella loro esistenza.

BIGOS DI CZESTOCHOWA

PROCEDIMENTO

In una casseruola capiente, soffriggere nel burro mezza cipolla affettata, aggiungere i crauti, salare e portare a cottura aggiungendo due bicchieri d'acqua calda o del brodo vegetale. In una padella appena unta, saltare per qualche minuto la verza tagliata a fette. Tagliare a dadini le carni, la pancetta e affettare le salsicce. In una seconda pentola capiente, soffriggere la cipolla avanzata con la pancetta, aggiungere le altre carni e rosolare fino a quando non risulteranno colorite. Versare la verza nella pentola, salare, pepare, aromatizzare con un paio di foglie di alloro, qualche bacca di ginepro e un poco di maggiorana. A questo punto coprire con la passata di pomodoro e lasciare cuocere per almeno 90 minuti, avendo cura di aggiungere un mestolo d'acqua calda se la salsa diventasse troppo densa. A fine cottura, mescolare i crauti con lo stufato e lasciare riposare a lungo (l'ideale sarebbe cucinare il bigos il giorno prima) prima di servirlo bollente.

CUOCHI SPECIALI PER UN VISITATORE SPECIALE

Questo piatto è il cibo regionale dei pellegrini che si recano al santuario di Czestochowa in Polonia. Pellegrino speciale fu papa Francesco che venne qui nell'estate 2016, in occasione della Giornata Mondiale della Gioventù tenutasi a Cracovia. Allora capitò un fatto curioso: decine di persone che lavorano da anni in una cucina per i senzatetto, si prestarono a cucinare con il Papa circa una tonnellata di bigos per quanti si sarebbero recati a Czestochowa il 28 luglio per la Santa Messa. Alcune di queste persone erano, fino a qualche tempo prima, a loro volta dei senzatetto.

ingredienti

- 400 g POLPA DI MANZO
- 400 g POLPA DI MAIALE
- 250 g SALSICCIA
- 150 g PANCETTA AFFUMICATA
- 250 g SALSICCIA AFFUMICATA
- 500 g CRAUTI
- ½ VERZA
- 1 CIPOLLA
- 400 g PASSATA DI POMODORO
- 50 g BURRO
- ALLORO
- BACCHE DI GINEPRO
- MAGGIORANA
- SALE E PEPE

La Madonna nera di Czestochowa

Un canto popolare, tradotto anche in italiano e utilizzato nelle nostre liturgie, invoca con solennità e accenti di tenerezza il sostegno della Madonna nera di Czestochowa, patrona della nazione polacca. La notorietà del grande santuario divenne amplissima durante il pontificato di Karol Wojtyla, san Giovanni Paolo II (pontefice dal 1978 al 2005), ad essa particolarmente devoto.

La particolarità della sua effigie è il volto scuro, comune alle icone antiche, dovuto spesso al fumo delle lampade a olio e delle candele. La Madonna di Czestochowa è però scura in volto soprattutto per rappresentare l'espressione del Cantico dei Cantici, in cui la sposa dice di sé: «Bruna sono, ma bella» e più oltre ancora, «non state a guardare che sono bruna perché mi ha abbronzata il sole» (Ct 1, 5-6; dove il sole è immagine di Dio). Queste parole dell'Antico Testamento sono all'origine del fenomeno delle Madonne nere: non solo Czestochowa ma anche Loreto, Oropa e Rocamadour, dei quali diremo.

FAVA 'NGRECCIA DI LORETO

PROCEDIMENTO

Mettere a bagno le fave secche secondo le indicazioni riportate sulla confezione, lessarle quindi in acqua leggermente salata. Nel frattempo preparare la salsa tritando grossolanamente le alici, i capperi e l'aglio, mescolare il tutto con l'olio, aggiungere il peperoncino (da togliere prima di servire), salare, pepare e lasciare riposare per un'ora. Condire le fave scolate ancora tiepide con la salsa ottenuta, lasciare riposare 30 minuti e servire.

Loreto, Santuario della Santa Casa

Loreto, una casa per Maria

A Loreto, nella regione italiana delle Marche, si trova il Santuario della Santa Casa, tra i più importanti e visitati d'Italia. All'interno della bellissima basilica cinquecentesca è custodita la Santa Casa di Nazareth, dove, secondo la tradizione, la Vergine Maria avrebbe ricevuto l'annunciazione del concepimento e della nascita di Gesù dall'arcangelo Gabriele. La "casa della Madonna" era formata da tre pareti addossate a una grotta scavata nella roccia (di cui abbiamo parlato nel cap. I a proposito della basilica dell'Annunciazione a Nazareth). La tradizione racconta che nella notte tra il 9 e il 10 dicembre 1294 le pietre della casa di Nazareth vennero trasportate in volo dagli angeli. In realtà, alcuni documenti ritrovati hanno confermato che il trasporto avvenne per mare su navi crociate. In ogni caso gli studi effettuati sulle pietre della Santa Casa ne confermerebbero l'origine palestinese: esse sono lavorate secondo la tecnica usata dai Nabatei, un popolo confinante con gli ebrei, di cui tutti conoscono la bellissima capitale Petra nell'attuale Giordania. All'interno della Santa Casa si trova la statua della Vergine Lauretana, ancora una Madonna Nera.

ingredienti

- 400 g FAVE SECCHE DECORTICATE
- 50 g ALICI SOTT'OLIO
- 25 g CAPPERI SOTTO ACETO
- 100 ml OLIO EXTRAVERGINE D'OLIVA
- 1 SPICCHIO DI AGLIO
- ½ PEPERONCINO PICCANTE
- SALE E PEPE

Una strada luminosa per gli angeli

La festa del Santuario di Loreto ricorre il 10 dicembre, a memoria della traslazione della Santa Casa. **Per la vigilia, a Loreto e in tutte le Marche, è usanza accendere grandi fuochi o falò, nelle campagne, nei paesi e nei vari quartieri cittadini**. Si tratta della cosiddetta *Festa della Venuta*, una tradizione secolare che avrebbe avuto origine nel 1294, quando vennero accesi i fuochi **per rischiarare il cammino degli angeli** che, volando nella notte, stavano portando la Santa Casa verso Loreto. Da allora la ricorrenza si festeggia così, accompagnata da questa gustosa ricetta.

Ricette piemontesi

La polenta è un piatto tipico del Nord Italia e ogni località – come Oropa, nei suoi ristoranti per i pellegrini – ne propone una variante originale. **Molto diffusa in epoche in cui c'era poco da mangiare e si doveva riempire il ventre con ciò che era disponibile nei campi**, la polenta è stata recuperata di recente nell'alimentazione ricercata. Altri piatti tipici del Piemonte sono i risotti, le molte varietà di brasato, i piatti di carne e alcuni dolci (tra cui squisiti cioccolati). Il tutto innaffiato da vini molto apprezzati in Italia e all'estero.

POLENTA CONCIA DI OROPA

ingredienti

- 400 g FARINA DI MAIS
- 1,2 l ACQUA
- 250 g TOMA (DI OROPA) FRESCA
- 100 g TOMA (DI OROPA) DI MEDIA STAGIONATURA
- 100 g BURRO
- 8 FOGLIE DI SALVIA
- SALE

PROCEDIMENTO

Portare a bollore l'acqua salata, quindi versarvi la farina facendola cadere a pioggia, mescolando energicamente con una frusta. Cuocere la polenta per circa 45 minuti, aggiungere poi il formaggio tagliato a pezzetti e continuare a mescolare sul fuoco, fino a che la polenta non diventerà cremosa e il formaggio non si sarà completamente fuso. Nel frattempo, in un padellino, tostare il burro con la salvia e un pizzico di sale. Mettere la polenta nei piatti, coprirla con il burro fuso e servire immediatamente. Naturalmente è possibile utilizzare altri formaggi simili, avendo cura di non scegliere prodotti molto stagionati, dal sapore troppo intenso.

Ricette e varianti

Il musicista torinese e gran viaggiatore Luca Morino (voce e chitarra dei Mao Mao) ha tenuto una rubrica di "turismo mistico" su *TorinoSette*, poi raccolta in un volume in cui tratta di mete lontanissime (Argentina), tappe europee (Portogallo, Catalogna, Andalusia, Parigi, Berlino...), territori italiani e piemontesi. In una sera torinese, Morino gustò un piatto molto noto, la *bagna cauda*: «Non esiste chi ne assaggia un po' e poi basta. Aglio, olio e acciughe, il mare e la montagna in un solo piatto, come dire che la tradizione di oggi non è altro che l'incontro e la mescolanza di culture diverse di un tempo passato. [...] Ogni famiglia prepara la bagna cauda in modo uguale ma leggermente diverso, ci sono infinite macrovarianti, tutte legittime, che rendono impossibile la codifica di una ricetta unica» (*Mistic Turistic. Cibo, viaggi e miraggi*, Mondadori, Milano 2003, p. 53).

Un borgo con Maria al vertice

Rocamadour è un santuario mariano, meta di pellegrinaggi soprattutto francesi. Si trova nel borgo omonimo, di poco più di settecento abitanti, dominato da un castello del XIV secolo. Un'unica via conduce dalle porte al cuore dell'abitato, con una scalinata impegnativa (216 gradini) che in epoca recente è stata resa più agevole dall'istallazione di un ascensore. Molto pittoresca è la chiesa sotterranea di sant'Amadour, scavata nella roccia; più oltre, si giunge alla cappella di Notre Dame de Rocamadour (1749), annerita al suo interno dal fumo dei ceri sotto gli ex voto alle pareti.

Qui si venera la statua della Madonna nera, che gli storici datano al XII secolo e alla quale sono stati attribuiti molti miracoli.

CROSTONE AL CABECOU DI ROCAMADOUR

Rocamadour

PROCEDIMENTO

In una padella calda cuocere il bacon fino a quando risulterà croccante. Nel frattempo tagliare il formaggio a metà nel senso dello spessore. Adagiare le due metà ottenute su una fetta di pane casereccio, avendo cura di tenere la crosta rivolta verso l'alto, e grigliare al forno per 5 minuti, fino a quando il formaggio inizierà a fondere. Adagiare il bacon sul crostone e servire immediatamente, magari accompagnandolo con una insalata mista arricchita di nocciole tostate e condita con una vinaigrette alla senape.

Un formaggio che unisce dolce e salato

La località dà il nome a un formaggio di capra a pasta molle e con breve stagionatura, il *Rocamadour* appunto. Alcuni manoscritti del XV secolo fanno riferimento a questo formaggio nei banchetti delle famiglie nobili della cittadina e della regione circostante. Il suo sapore è fresco e leggermente acidulo e si accompagna perfettamente al *miele di acacia*, con crostini di pane caldi aromatizzati al rosmarino.

ingredienti

- 4 FETTE DI PANE CASERECCIO
- 4 CABECOUS DE ROCAMADOUR (TOMINI DI CAPRA)
- 4 FETTE DI BACON

VOL-AU-VENT À LA REINE DI ALTÖTTING

ingredienti

- 4 VOL-AU-VENT GRANDI
- 150 g CHAMPIGNONS
- 1 SPICCHIO D'AGLIO
- 20 g BURRO
- 100 g PETTO POLLO LESSO
- 100 ml BESCIAMELLA
- 50 g PARMIGIANO
- NOCE MOSCATA
- SALE E PEPE

Altötting

PROCEDIMENTO

Mondare e affettare i funghi, poi saltarli in padella con il burro e lo spicchio d'aglio schiacciato; aggiungere il pollo tagliato a listarelle sottili, coprire e lasciare cuocere per 10 minuti. Unire la besciamella, il formaggio grattugiato, una presa di noce moscata, regolare di sale e pepe e cuocere altri 5 minuti. Eliminare l'aglio e con l'impasto ottenuto farcire i vol-au-vent; passarli al forno caldo per 2 minuti. Servirli caldi come antipasto, magari impreziositi con qualche lamella di tartufo nero.

UN MENÙ DA RE

Il santuario di Altötting è la meta di pellegrinaggio più importante del sud della Germania. **È detto "il cuore della Baviera", in memoria della tradizione di custodire nella Cappella delle Grazie i cuori dei membri della famiglia reale bavarese, i Wittelsbach**. Anche il più noto rappresentante della casata, re Ludwig II, dispose che il proprio cuore venisse inumato qui, cosa che avvenne alla sua morte nel 1886. A partire dal centoventicinquesimo anniversario di questo fatto, un noto hotel di Altötting serve un menù che riprende quello che venne servito in occasione del funerale del sovrano, noto per i castelli fiabeschi che fece costruire. E il menù si apre proprio con i *Vol-au-vent à la Reine* qui presentati.

Sulla Via Benedictina

Dal noto santuario bavarese, parte da qualche anno una strada a tema dedicata al pontefice che in queste zone nacque e visse la sua giovinezza: Joseph Ratzinger (Benedetto XVI). Lungo i 248 km dell'itinerario, si toccano i principali luoghi della dimora del futuro teologo tedesco: Marktl, Tittmoning, Aschau am Inn e Traunstein. Tra l'altro, Ratzinger visitò varie volte il santuario da pellegrino: in giovane età, con la sua famiglia; da vescovo e cardinale; da papa nel settembre 2006.

STUFATO BENEDETTINO DI EINSIEDELN

Abbazia di Einsiedeln

PROCEDIMENTO

In una casseruola soffriggere delicatamente nel burro il porro e la cipolla affettati finemente; quando saranno imbionditi, aggiungere la carne e cuocere per qualche minuto. Salare, pepare, quindi unire il brodo e lasciare cuocere per 30 minuti. Aggiungere il formaggio alle erbe e mantecare fino a che non si sarà completamente sciolto; servire lo stufato immediatamente, accompagnato da un buon purè di patate.

UNA CITTADELLA DELLO SPIRITO

San Benedetto, fondatore del monachesimo occidentale, approntò una *Regola* che avrebbe fatto scuola. Egli ravvisava il modello della fraternità monastica nella vita degli apostoli della prima chiesa di Gerusalemme. **Il motto benedettino «Ora et labora» (Prega e lavora) esprime l'essenza di questa spiritualità che plasma tutta la vita**, giorno dopo giorno. Prendere i pasti in comunità alle ore stabilite è una componente importante dell'esistenza monastica. Non tanto per la quantità o la raffinatezza del cibo che si mangia, ma perché **la tavola del monastero è uno dei luoghi in cui si ascolta leggere la parola di Dio**.
Lì poi vengono accolti gli ospiti di passaggio: in monastero non si vive per mangiare, ma si mangia per vivere.

ingredienti

600 g	MACINATO DI MANZO
50 g	BURRO
500 g	PORRO
2	CIPOLLE
500 ml	BRODO VEGETALE
200 g	FORMAGGIO FRESCO ALLE ERBE
	SALE E PEPE

I ricettari dei monaci

Questa preparazione è menzionata in alcuni ricettari che ci sono stati tramandati dai monaci benedettini che sfamavano gli ospiti con cibi gustosi e sostanziosi nell'abbazia di Einsiedeln: il celebre santuario con al centro la cappella della Madonna Nera, massimo luogo di pellegrinaggio in Svizzera. La presenza monastica è documentata in questa zona dal IX sec. e l'abbazia si trovava su uno degli itinerari di pellegrinaggio del *Camino* di Santiago. Abitata oggi da varie decine di monaci, dei quali oltre quaranta sacerdoti, vi si scandisce il tempo secondo le ore della preghiera benedettina. Ogni sera la celebrazione del vespero è chiusa dal canto toccante del *Salve Regina* in latino eseguito dai monaci che sfilano in solenne processione.

Un prodotto originale

La produzione dello sciroppo artigianale nelle regioni del Pays de Herve e di Hesbaye risale a tre secoli fa. Un manoscritto del 1657 ne offre la prima ricetta. All'inizio, lo sciroppo veniva prodotto nelle fattorie; poco per volta, però, questa realizzazione si traferì nelle sciropperie industriali che, per esigenze produttive, introdussero zucchero, e addirittura i datteri, per rendere più dolce lo sciroppo e abbreviarne i tempi di produzione. Lo sciroppo tradizionale viene prodotto oggi solo da quattro famiglie. Esso ha un colore che tende al nero lucido e profuma di frutta caramellata. Variando il rapporto tra mele e pere, si ottengono tre tipi di sciroppo: dolce, semi-aspro, aspro.

SCIROPPO DI BANNEUX

PROCEDIMENTO

Lavare bene la frutta (si possono usare anche altre varietà di mele e pere dolci e succose), togliere i piccioli e tagliarla a pezzi. Disporre la frutta a freddo in una casseruola dal fondo spesso e portare a bollore senza aggiungere nessun altro ingrediente. Abbassare il fuoco e lasciare sobbollire delicatamente per 3 ore. Passare la frutta ormai sfatta con un passino da cucina (non con un frullatore a immersione!), rimettere sul fuoco il succo ottenuto e cuocere lentamente (almeno altre 2 ore) fino a che lo sciroppo inizierà ad addensarsi e a scurirsi. Travasare in un barattolo, chiudere e lasciare raffreddare. Lo sciroppo ottenuto si può usare come una marmellata. Se si vuole conservare a lungo, lo sciroppo va pastorizzato, portando a bollore per 30 minuti i barattoli chiusi.

UNA CENA SOBRIA

Si racconta che la veggente di Banneux, la dodicenne Mariette Beco, la sera mangiasse, con la sua famiglia, pane spalmato di sciroppo. Questa del resto, all'epoca, era la cena abituale dei contadini poveri belgi, che magari accompagnavano pane e sciroppo con un pezzo di formaggio.

ingredienti

1 kg PERE DOYENNE
1 kg MELE GOLDEN

Capitolo V

Per il mondo con il vangelo

Al termine del secondo vangelo, quello secondo Matteo, è riportato il comandamento di Gesù risorto agli undici discepoli (il dodicesimo, Giuda, non è più tra loro): «Andate dunque e fate discepoli tutti i popoli, battezzandoli nel nome del Padre e del Figlio e dello Spirito Santo» (Mt 28,19).
Alla fine del vangelo di Luca si legge che nel nome di Gesù, «saranno predicati a tutti i popoli la conversione e il perdono dei peccati» (Lc 24,47a), frase che sarà ripresa dallo stesso autore all'inizio degli *Atti degli Apostoli*, quando si riportano le parole di Gesù che ascende al cielo: «Mi sarete testimoni a Gerusalemme, in tutta la Giudea e la Samaria e fino ai confini della terra» (At 1,8b).

Andate, predicate, battezzate: le origini della missione

Queste espressioni, dette il "mandato missionario" di Gesù, furono prese seriamente anzitutto dai suoi discepoli, come mostra appunto il racconto degli *Atti degli Apostoli*. Fin dai primi tempi del cristianesimo, i credenti si sentirono incaricati di portare la buona notizia a tutte le popolazioni. Nel suo insieme, poi, la vita dei cristiani era vista come un cammino, come "la via" che i credenti sono chiamati a percorrere nel nome di Gesù. Gli *Atti* rappresentano, sotto questo profilo, il resoconto della missione dei più noti discepoli del Risorto, mediante i quali la *Parola* si è diffusa sulla terra fino a raggiungere Roma, il centro del mondo allora conosciuto. È significativo che la prima grande disputa sorta all'interno della Chiesa riguardò la possibilità o meno di ammettere i pagani nella fraternità cristiana. Giacomo, parente di Gesù e vescovo di Gerusalemme, riteneva che prima ci si dovesse convertire all'ebraismo, adottandone leggi e usanze, e poi si poteva diventare cristiani. Paolo, pur provenendo da una formazione rabbinica di tutto rispetto, sosteneva con forza che la chiamata interiore ricevuta da Dio autorizzasse invece i pagani a entrare direttamente nella Chiesa dopo la conversione. Pietro, che in un primo tempo sembrava propendere per la prima strada, fu indotto a seguire quella di Paolo. È evidente che quest'ultima fosse un'attività pastorale non più limitata a Israele ma rivolta anche "alle genti", cioè ai pagani.

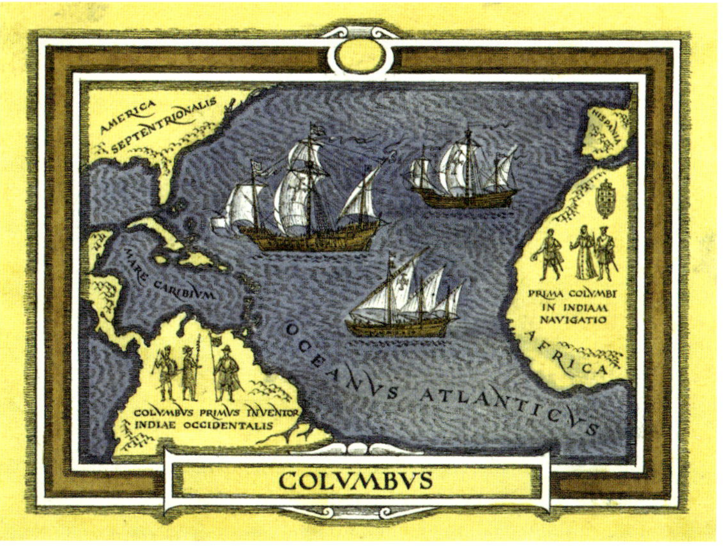

L'epoca moderna

Un'autentica svolta nell'attività missionaria della Chiesa fu indotta dalle scoperte geografiche che caratterizzarono la fine del '400 e tutto il '500. Anche Cristoforo Colombo venne accompagnato nei suoi viaggi da religiosi, per portare la fede cristiana a popolazioni che ne erano prive. Dal momento che i territori scoperti entravano a far parte del regno cattolico di Spagna, i nuovi sudditi non potevano restare fuori della Chiesa, soprattutto in un'epoca nella quale si interpretava in modo rigido l'asserto «extra Ecclesiam nulla salus», «fuori della Chiesa non vi è salvezza». Fu un periodo di episodi tristi, con conversioni e battesimi forzati: religione e colonialismo andarono passo passo. Ma fu anche un'epoca di figure esemplari, come Bartolomeo de Las Casas, segretario di Colombo e poi vescovo illuminato: dimostrò che si poteva vivere secondo i dettami evangelici insieme alle popolazioni indigene.

Papa Francesco e la svolta missionaria

Proprio dall'America Latina, alcuni secoli dopo, sarebbe giunto un papa che avrebbe fatto della missione la caratteristica dominate del suo servizio pontificale. Jorge Mario Bergoglio, nipote di migranti italiani, ha una visione della diffusione del cristianesimo tutt'altro che limitata al territorio europeo o mediterraneo. Francesco è il volto eloquente di una Chiesa ormai radicata in tutti e cinque i continenti e di cui proponiamo una breve storia della missione nella forma inconsueta del ricettario.

Jorge Mario Bergoglio

ZUPPA DEL SABATO SANTO

ingredienti

- 1 kg CIPOLLE BIONDE
- 150 g GRUVIERA
- 1 l BRODO DI CARNE
- 50 g FILETTI DI MANDORLE
- 2 CUCCHIAI DI FARINA
- 1 CUCCHIAINO DI CANNELLA
- 2 CUCCHIAINI DI ZUCCHERO
- 2 CUCCHIAI DI OLIO EXTRAVERGINE D'OLIVA
- SALE E PEPE
- ACETO

PROCEDIMENTO

Pulire e affettare le cipolle, poi stufarle lentamente in una casseruola con l'olio. Quando le cipolle sono imbiondite, aggiungere lo zucchero e la farina e cuocere a fuoco vivo mescolando in continuazione per 1 minuto. Coprire con il brodo caldo, salare e lasciare cuocere per circa 30 minuti. Nel frattempo, adagiare sul fondo di quattro cocci, il pane abbrustolito, peparlo e cospargerlo con il formaggio grattugiato. A fine cottura versare nelle ciotole la zuppa bollente e servirla cosparsa con un pizzico di cannella e con i filetti di mandorla precedentemente ammollati nell'aceto per 10 minuti.

Vita del padre Francesco

Tra i vari e gustosi episodi che costellano l'impresa missionaria del grande santo gesuita Francesco Saverio, uno riguarda la nostra ricetta. Francesco fu uno dei primi compagni del fondatore della Compagnia di Gesù, Ignazio di Loyola, e venne destinato a evangelizzare le Indie portoghesi. Dopo la morte di Francesco, avvenuta a Goa nel 1552, il comandante della nave che lo ebbe passeggero sul suo vascello raccontò che durante tutti i sei giorni della traversata non fu possibile far mangiare nulla al padre; solo «il sabato di quella settimana di Passione, accettò un poco di zuppa con cipolle, che io stesso gli feci subito preparare» (dalla testimonianza di Diogo Madeira, riportata in *Monumenta Xaveriana* II, 214).

E MIRACOLI...

Un altro episodio degno di nota – anche se non riguarda alcuna ricetta – avvenne qualche tempo dopo la morte di san Francesco Saverio. Per alcuni rivolgimenti politici, la zona di Goa passò dalla sovranità portoghese a quella olandese. Gli olandesi vennero a prendere possesso dei nuovi territori a nome del principe d'Orange, sovrano dei Paesi Bassi, e portarono con loro alcuni ministri protestanti. Quando fu spiegato con garbo ai signori locali che avrebbero dovuto cambiare religione, da quella cattolica a quella protestante, costoro non opposero apparentemente resistenza: «Nessun problema – dissero – ad accogliere i religiosi che avete portato con voi. *E vi assicuriamo fin d'ora che se compiranno tra noi gli stessi miracoli che ha fatto il padre Francesco Saverio, diventeremo tutti protestanti*». Pare che la risposta, per quanto formalmente educata, abbia suscitato costernazione nei nuovi missionari. E l'argomento per un po' non fu più sollevato.

TAMALES DI AMARANTO E CILIEGIE

ingredienti

8 FOGLIE DI MAIS O DI BANANO
300 g FARINA DI AMARANTO
250 ml ACQUA
300 g CILIEGIE
75 g ZUCCHERO DI CANNA
ZENZERO

PROCEDIMENTO

Mettere a bagno le foglie di mais in abbondante acqua fredda. In una terrina setacciare la farina, aggiungere due cucchiai di zucchero e impastare con l'acqua tiepida, nella quale si è lasciato riposare per qualche minuto un pezzetto di zenzero fresco, fino a ottenere un impasto leggermente appiccicoso. In una casseruola cuocere le ciliegie snocciolate in poca acqua con lo zucchero restante fino a quando inizieranno a spappolarsi; volendo si può aggiungere anche una punta di peperoncino piccante, da togliere a fine cottura. Strizzare le foglie di mais, stendervi al centro uno strato di circa mezzo centimetro di impasto di amaranto, farcire quindi con un paio di cucchiai di composta di ciliegie. Richiudere la pasta su se stessa, ottenendo un fagottino che andrà avvolto nella foglia. Cuocere i tamales così ottenuti a vapore per circa un'ora. Il dolce va servito caldo, accompagnato a piacere da una tazza di atole, una sorta di crema liquida al profumo di cannella, vaniglia o cacao.

UN INTELLETTUALE MISSIONARIO

Questa ricetta è legata alle vicende avventurose di Bernardino di Sahagun (1499-1590), missionario spagnolo che portò il vangelo in Messico tra gli aztechi. Molto spiccato fu il suo interesse per la cultura degli indigeni, di cui studiò la lingua (il *nahuatl*) fino al punto da redigere una sorta di dizionario che ne permetteva la traduzione in spagnolo. **Davvero poderosa è anche una sorta di enciclopedia da lui scritta sulla religione e sull'insieme del sapere azteco**. Sahagun ritenne insomma che, anche nel Nuovo Mondo, la conoscenza fosse una via migliore della violenza.

Partire, lasciare alle spalle, essenzializzare

Ha scritto lo psicoterapeuta e viaggiatore Andrea Bocconi: «Io credo che anche se un giorno tutto sarà omologato, un solo grande supermercato da Los Angeles a Bombay, come dice Saul Bellow, ci sarà sempre chi una mattina vorrà provare il brivido di preparare una valigia e stabilire così ciò che è indispensabile e ciò che si può lasciare dietro di noi». Sovviene una certa assonanza con la parola severa rivolta da Gesù a chi gli chiedeva, forse un po' disinvoltamente, di potere essere suo discepolo: «Le volpi hanno le loro tane e gli uccelli del cielo i loro nidi, ma il Figlio dell'uomo non ha dove posare il capo» (Lc 9,58), che allude all'essenzialità e al continuo peregrinare del cristiano.

UN MISSIONARIO ILLUMINATO

I fagioli Azuki sono conosciuti in Cina dal 1000 a.C., dove vengono utilizzati spesso come pasta per farciture dolci e salate. Insieme con altri prodotti tipici del Celeste Impero sono elencati con ammirazione tra i frutti della terra cinese nella *Descrizione della Cina* del gesuita Matteo Ricci. L'autore la redasse tra il 1609 e il 1610, dopo una missione trentennale che lo portò alla corte dell'imperatore Wan Li della dinastia Ming. In quegli anni strinse rapporti non solo con il personale di corte ma anche con letterati e intellettuali cinesi. Dopo la sua morte, furono giudicate inaccettabili alcune sue decisioni circa la possibilità per i cinesi convertiti al cristianesimo di continuare a praticare i riti nei confronti degli antenati (la condanna dei riti cinesi fu sancita in forma definitiva nel 1742). Solo a partire dal 1939 la Chiesa cattolica corresse il giudizio storico su Ricci, giungendo a considerare con Giovanni Paolo II il suo metodo missionario come l'emblema dell'evangelizzazione per il terzo millennio.

BAOZI AGLI AZUKI

PROCEDIMENTO

Per preparare la pasta dei Baozi, mescolare la farina con un pizzico di sale e lo zucchero, poi impastarla con il lievito sciolto in un bicchiere di acqua tiepida e 3 cucchiai di olio.
Lavorare l'impasto fino a ottenere un composto simile alla pasta di pane (aggiungendo eventualmente ancora un poco di acqua), poi lasciarlo lievitare per due ore coperto da uno strofinaccio. Bollire i fagioli, scolarli e frullarli con la cipolla affettata, le spezie e l'olio restante. Dividere la pasta lievitata in 8 pezzi e stenderla in dischi del diametro di circa cm 7. Farcire ogni disco con la crema di fagioli, poi chiudere i Baozi come se fossero piccoli sacchetti e lasciarli riposare per 20 minuti. Cuocere a vapore per 20 minuti e servire caldi conditi con salsa di soia.

ingredienti

- 250 g FAGIOLI AZUKI SECCHI
- 1 CIPOLLA
- 2 CUCCHIAI DI PREZZEMOLO TRITATO
- 1 cm ZENZERO FRESCO
- ½ CUCCHIAINO DI CANNELLA
- 8 CUCCHIAI DI OLIO EXTRAVERGINE D'OLIVA
- 500 g FARINA
- 1 CUCCHIAINO DI ZUCCHERO
- 15 g LIEVITO DI BIRRA
- SALSA DI SOIA
- SALE E PEPE

UN ETNOGRAFO ANTE-LITTERAM

La *Descrizione* di Ricci – volume che è stato per secoli il veicolo principale attraverso il quale l'Occidente ha conosciuto la Cina – è considerata un capolavoro dell'etnografia premoderna. I suoi agili capitoli trattano della cultura e delle istituzioni cinesi, della religione, del modo di far guerra, della scrittura, dei comportamenti morali della popolazione, dei prodotti della terra.
Tra questi si segnala la produzione di riso «che è il loro vitto più comune, come il pane tra noi, oltre ai legumi, specialmente i fagioli» (*Descrizione della Cina*, Quodlibet, Macerata 2011. p. 28).

GRANDI MA LEGGERE IMPRESE

Questa ricetta è legata a un grande apostolo dell'America Latina del '700: **Junípero Serra, frate francescano spagnolo che fondò diverse missioni nell'Alta California**. In qualità di superiore dei missionari, accompagnò nel 1769 il governatore Gaspar de Portolá nella spedizione in Nuova California, con il compito di convertire nativi americani. A Monterey, avrebbe fondato la missione dedicata a san Carlo Borromeo. Durante il viaggio con il governatore, venendo a mancare i viveri nella missione di San Diego, si rischiò che il de Portolá comandasse di chiudere l'insediamento. Padre Serra però spiegò che ai frati bastava davvero poco e ricordò un detto che girava tra i religiosi, secondo il quale per la missione occorre «...un po' di salute, una tortilla e un poco di verdura dei campi».

Giudizi ambivalenti

Mentre alcuni storici hanno mosso l'accusa di colonialismo religioso per la sua opera missionaria, a partire dalla biografia ufficiale di padre Serra si desume che il francescano si oppose a una colonizzazione senza scrupoli dei nativi da parte degli spagnoli. Sembra anzi che il religioso e gli altri frati della zona avessero insegnato ai nativi anche arti e musica per elevarli a una vita più dignitosa. Junipero Serra è stato canonizzato da papa Francesco nel 2015.

TORTILLAS Y FRIJOLES

ingredienti

- 250 g FARINA 00
- SALE
- 125 ml ACQUA
- 80 ml OLIO DI SEMI DI GIRASOLE
- 200 g FAGIOLI NERI SECCHI
- 1 CIPOLLA
- 2 SPICCHI DI AGLIO
- 1 CUCCHIAIO DI STRUTTO

PROCEDIMENTO

In una ciotola versare la farina e mescolarla con un pizzico abbondante di sale. Aggiungere l'acqua, l'olio e impastare, prima con un cucchiaio e poi con le mani, fino a ottenere un impasto compatto e omogeneo. Lasciare riposare la pasta per 15 minuti coperta con uno strofinaccio. Trascorso questo tempo, dividere l'impasto in 8 parti, dando loro forma sferica, poi appiattirlo e, con un mattarello, stendere la pasta fino allo spessore di circa mm 2. Cuocere le tortillas una alla volta in una padella antiaderente leggermente unta, fino a che le due superfici non inizieranno a colorare. Per preparare i frijoles mettere i fagioli, precedentemente tenuti a bagno secondo le indicazioni riportate sulla confezione, in un litro d'acqua fredda, portare a ebollizione poi lasciare sobbollire fino a quando diventano teneri (almeno 45 minuti) e si sarà ottenuta una zuppa molto densa; lasciare raffreddare. In una casseruola soffriggere nello strutto la cipolla e l'aglio tagliati finemente, aggiungere i fagioli e cuocere per 7-8 minuti. Farcire le tortillas calde con i frijoles e servire.

David Livingstone

«LIVINGSTONE, SUPPONGO»

Il grande giornalista di origine inglese ma trapiantato negli USA Henry Morton Stanley (1841-1904) fu incaricato dal *New York Herald* di rintracciare **il missionario ed esploratore inglese David Livingstone, dato per disperso nel cuore dell'Africa Centrale**. Stanley organizzò una spedizione che da Zanzibar lo portò in 236 giorni a Ujiji (antica città della Tanzania), dove il 10 novembre 1871 riuscì finalmente a incontrare l'esploratore, al quale si rivolse pronunciando una frase che sarebbe divenuta proverbiale: «Il dottor Livingstone, presumo!». I due vissero nello stesso villaggio per quattro mesi, divenendo amici; poi Stanley fece ritorno a casa (Livingstone sarebbe morto tra gli africani nel 1873).

RISO E CURRY

PROCEDIMENTO

In una larga padella soffriggere la cipolla affettata nel burro con il curry, quando appassisce aggiungere il riso e mescolare per un minuto. Aggiungere la frutta secca, coprire con mezzo litro di acqua calda e lasciare cuocere coperto, senza mescolare, per 12 minuti. All'ultimo aggiungere il limone tagliato a piccoli pezzetti con la buccia, regolare di sale, mescolare e servire.

UN PASTO IN TEMPO DI GUERRA

Il resoconto della spedizione di H. M. Stanley fu pubblicato nel 1872 a Londra e tradotto in italiano nel 1888. Tra le privazioni e i pericoli affrontati ci fu la penuria di cibo. Altre volte il giornalista ricorda qualche pasto significativo. Per esempio nella cittadina di Tabora, composta da più di mille capanne con una popolazione, tra arabi e indigeni, di circa 5.000 persone, si tenne un consiglio di guerra cui Stanley fu invitato. L'evento si concluse in gloria: «Fu imbandito un enorme piatto di riso e curry, nel quale le mandorle, il limone, l'uva e il ribes erano abbondantemente profusi; fu una meraviglia come dimenticammo presto il nostro bellicoso ardore dinanzi a quel piatto regale. Non essendo maomettano, fui naturalmente servito a parte dello stesso piatto di riso, seguito da pollo arrosto, frittelle, focacce, animelle di vitello, dolci, frutti, bicchieri di sorbetto e di limonata, uva secca, susine e noci» (*Alla ricerca di Livingstone,* Ed. White Star, Vercelli 2005, p. 162).

ingredienti

- 300 g RISO BASMATI
- 1 CIPOLLA
- 1 CUCCHIAIO DI CURRY
- 80 g BURRO
- 100 g FILETTI DI MANDORLE
- 1 LIMONE PICCOLO
- 50 g UVETTA SULTANINA
- 50 g RIBES SECCO
- SALE

LUMPIA SEMARANG

PROCEDIMENTO

In una padella scaldare 4 cucchiai di olio con i gamberetti secchi, due spicchi d'aglio e le cipolle rosse tritate; unire i gamberetti freschi, il pollo a pezzettini e cuocere fino a che non inizieranno a dorare. Aggiungere i germogli di bambù e quelli di soia, il gambo di cipollotto tritato, la salsa di soia, una generosa presa di pepe nero e lo zucchero; regolare di sale e cuocere lentamente fino a che il composto non asciughi. A questo punto aggiungere un uovo intero e un tuorlo sbattuti, mescolare velocemente e portare a cottura, poi fare raffreddare. Preparare la salsa saltando in un cucchiaio di olio due spicchi di aglio tritato, aggiungere ml 100 di acqua, salare e portare a ebollizione; sciogliere l'amido di mais in poca acqua, unirlo alla salsa e cuocere fino a che non si sarà addensata. Montare i rotoli mettendo al centro di ogni foglio di pasta un cucchiaio di ripieno, arrotolare e chiudere i lati, sigillarli con l'albume e friggerli in abbondante olio. Servire caldi e dorati, asciugati dall'olio in eccesso, con la salsa preparata in precedenza e un'insalata di cetrioli.

ingredienti

- 16 FOGLI PASTA FILLO (O PER INVOLTINI PRIMAVERA)
- 70 g GAMBERETTI FRESCHI
- 70 g PETTO DI POLLO
- 150 g GERMOGLI DI BAMBÙ
- 80 g GERMOGLI DI SOIA
- 2 CUCCHIAI DI GAMBERETTI SECCHI
- 1 GAMBO DI CIPOLLOTTO FRESCO
- 4 PICCOLE CIPOLLE ROSSE
- 4 SPICCHI D'AGLIO
- 2 UOVA INTERE
- 2 CUCCHIAI DI SALSA DI SOIA
- 1 CUCCHIAINO DI ZUCCHERO
- 3 CUCCHIAINI DI AMIDO DI MAIS
- OLIO DI ARACHIDI
- SALE E PEPE

Le ricette di casa

Padre Cannizzaro ricevette in dono della madre *L'arte in cucina* dell'Artusi: «Prepara un buon piatto per te e i tuoi confratelli, che vi farà bene!».
Il missionario si era ormai così inserito nella cultura locale da lamentarsi perché le ricette non prevedevano carne di scimmia, di serpente né ripieni con germogli di bambù! La ricetta che proponiamo tenta di ovviare a quest'ultima lacuna.

UN ESPLORATORE D'ALTRI TEMPI

Il saveriano Aurelio Cannizzaro fu il primo cristiano a recarsi nelle Isole Mentawai, un arcipelago dell'Indonesia noto soprattutto come paradiso dei surfisti. È il novembre 1953, ma l'approccio alle Mentawai ha il sapore delle missioni d'altri tempi. Per gli abitanti delle isole padre Aurelio è un *siramanua siareo*, cioè un uomo che viene da lontano. **L'incontro avviene tra persone che non si conoscono e che sono di razza, cultura e religione diversa; è certamente inconsueto e potrebbe rivelarsi perfino pericoloso.** Ma Cannizzaro colpisce i nativi per la sua semplicità. Offre un po' di tabacco e si mette a esplorare la giungla. È preda di un attacco di pidocchi. Lascia che siano i bambini delle isole a rompere il ghiaccio, a fargli da guida nei loro villaggi e a insegnargli le prime parole della lingua locale. In cambio, desidera insegnar loro a scrivere, ma in loco manca qualsiasi strumento. Allora li convoca sulla spiaggia e inizia a scrivere le prime lettere sulla sabbia. **Fu l'inizio di una scuola di lingua e più tardi di catechesi.**

BANANA CHIPS

ingredienti

- 6 BANANE
- 500 ml OLIO DI SEMI
- 3 cm ZENZERO FRESCO
- SALE O ZUCCHERO

PROCEDIMENTO

Portare a temperatura l'olio per la frittura. Nel frattempo sbucciare le banane e tagliarle a fettine di circa mm 3-4 di spessore, mescolarle delicatamente in una ciotola con lo zenzero fresco grattugiato, poi friggerle nell'olio bollente. Asciugare le banane fritte nella carta da cucina, salarle o zuccherarle (a piacere) e servirle calde.

A TAVOLA CON I MISSIONARI

L'odierna facilità dei viaggi permette a molti di condividere anche solo qualche settimana con i missionari in giro per il mondo. È l'occasione per conoscere la loro opera, il vissuto delle chiese locali e, talvolta, di contribuire a qualche piccolo lavoro. **La tavola diventa così uno dei momenti in cui in si scoprono e si condividono la storia di un altro popolo e le fatiche di questa vicinanza**; così, durante una visita ai missionari in Africa, di solito si traggono impressioni diverse a seconda che si mangi nella sede della missione oppure nei villaggi. **Nei centri missionari vi sono in genere cuochi o cuoche locali che hanno appreso a cucinare alcuni piatti europei, per favorire la digestione dei missionari, e altri piatti che ricordano più la tradizione del posto**. Si impara a mangiare il cammello e il coccodrillo o a fare una colazione che è un vero e proprio pasto; si scopre che esistono decine di specie di banane e che fritte, anche salate, sono ottimi snack, come dimostra questa ricetta.

Le tradizioni indigene

Quando si fa visita a qualche tribù del Kenya è molto probabile che venga offerto il "maziwa lala", un latte fermentato con piccoli frammenti di cenere, considerato una prelibatezza che non può essere assolutamente rifiutata pena risultare alquanto scortesi. Ciò che invece è assolutamente vietato bere per motivi sanitari è l'acqua, ma non ci si deve preoccupare: in qualunque villaggio sperduto è facile trovare Coca Cola e scoprire così che la realtà è più complessa di quello che romantiche descrizioni sembrano voler consegnarci.

Capitolo VI

Alla ricerca di Dio

Secondo il famoso saggio *Mimesis*, pubblicato nel lontano 1946, dal critico e filologo berlinese Erich Auerbach, i due archetipi della letteratura e della stessa cultura occidentale sarebbero costituiti da un vascello e da un uomo in marcia. In primo luogo, una nave che ha come meta la patria perduta, riconquistata attraverso un lungo viaggio di ritorno. Poi un uomo in marcia con il suo clan verso una terra ignota, ma promessa con un giuramento divino.

La nave e il viandante

Dietro la prima immagine si intravede il grande Ulisse, alle prese con il *nóstos*, ossia il cammino di ritorno verso l'indimenticata Itaca: un nucleo narrativo che dà origine all'*Odissea*, «capolavoro poetico e "nostalgico"», secondo un'acuta definizione contemporanea. Dietro la seconda immagine, compare il patriarca Abramo, figura cara a ebrei, cristiani e musulmani, mentre si avvia lungo le piste del deserto che dalla Ur mesopotamica conducono fino a Ebron, nella terra di Canaan, un luogo a lui sconosciuto.

Se quello di Ulisse è un perdersi che diventa destino esistenziale, quello di Abramo è un itinerario familiare che si trasforma in pellegrinaggio dato che all'origine vi è una chiamata divino. Se quello dell'eroe greco è un viaggio nel passato, un ritorno alla casa e alla famiglia che ha lasciato, quello del grande credente è un cammino verso il futuro: due modi per rappresentare la storia come ricerca di una mitica età dell'oro perduta oppure come tensione escatologica verso una salvezza promessa. Sempre, però, come movimento.

Viaggio e vita

In altre parole, il cammino sta alla base della stessa esistenza umana (si parla infatti di *homo viator*) e ne esprime il senso profondo. Da un lato il viaggiare è una realtà storica: di esuli, migranti e profughi (come pure di viaggiatori, di pellegrini e di turisti) è pieno il mondo. Ma è anche una realtà figurata, una sorta di parabola per cui chi si mette in cammino non procede soltanto spazialmente e geograficamente, macinando chilometri e chilometri, ma anche esistenzialmente, spiritualmente, filosoficamente.

Questa verità era ben nota alla tradizione orientale che descriveva tre diversi modi di muoversi. C'è chi viaggia coi piedi: i mercanti. C'è chi cammina con gli occhi: i sapienti. E, infine, c'è chi avanza col cuore, pur spostandosi coi piedi e con gli occhi aperti: è il pellegrino, che cerca il mistero in ogni creatura e nei "luoghi santi".

Religioni e pellegrinaggi

Nei capitoli precedenti il riferimento per il nostro ricettario è stato il fenomeno del pellegrinaggio cristiano, visto attraverso le sue mete principali (cap. 1 - 4) e mediante la rievocazione di qualche grande figura di missionario (cap. 5). Ora lo sguardo spazia oltre i confini del cristianesimo. Anche le altre grandi religioni conoscono la pratica del pellegrinaggio, e connesse a essa preparazioni culinarie che meritano di essere sperimentate.

«Il mare è un antico idioma che non riesco a decifrare», J.L. Borges, *Luna di fronte*, Mondadori

IMMERGENDOSI NEL GRANDE FIUME

Il *Kumbha Mela* ("festival delle religioni") è uno dei più importanti festival induisti e, probabilmente, il più partecipato pellegrinaggio della terra. Si svolge ogni tre anni ed è un evento di massa che coinvolge diversi milioni di pellegrini da ogni parte dell'India. La sua collocazione ruota tra le città di Allahabad, Haridwar, Nashik e Ujjain. **Il rituale prevede l'abluzione rituale presso un fiume sacro, per esempio il Gange a Haridwar**. Questo gesto è accompagnato da assemblee religiose, discussioni, canti devozionali e donazione di cibo a santoni, donne e poveri. Tra i cibi oggetto di scambio vi è quello proposto dalla ricetta, che costituisce peraltro una forma di sostentamento comune anche tra gli indiani meno abbienti.

SABJI E POORIS INDUISTA

ingredienti

- 150 g FARINA 00
- 40 ml OLIO DI ARACHIDE
- 1 CUCCHIAINO DI SEMI DI SENAPE
- 1 CUCCHIAINO DI SEMI DI CUMINO
- 1 CUCCHIAINO DI MASALA
- 1 PRESA DI CURCUMA
- 1 CUCCHIAIO DI CORIANDOLO FRESCO TRITATO
- 500 ml OLIO PER FRIGGERE
- SALE

PROCEDIMENTO

In una bacinella mescolare la farina con un pizzico di sale, aggiungere l'olio e impastare, aiutandosi con un poco di acqua tiepida, fino a ottenere un impasto omogeneo che si stacca dalle mani. Ungere l'impasto con un paio di cucchiai di olio e lasciare riposare coperto per 15 minuti. Trascorso questo tempo formare con l'impasto delle sfere della dimensione di una pallina da tennis, poi stenderle con le mani e successivamente con il mattarello fino allo spessore di mm 5, mantenendo una forma rotonda. Friggere i Puri in abbondante olio non troppo bollente, fino a quando non si saranno gonfiati e avranno assunto un colore dorato. Scolarli dall'olio in eccesso e asciugarli delicatamente con la carta da cucina. Lessare le patate, poi sbucciarle e schiacciarle con una forchetta. In una padella scaldare 2 cucchiai di olio, aggiungere i semi di senape e di cumino e lasciare sfrigolare per 1 minuto, poi unire la curcuma e il masala. Dopo 1 minuto, aggiungere le patate, salare e lasciare cuocere a fuoco basso per 10 minuti, aggiungendo un cucchiaio di acqua per ammorbidire il composto. All'ultimo, unire il coriandolo fresco tritato e servire con i Puri bollenti.

Una terra di spiritualità

Tutta la storia del subcontinente indiano ha come componenti culturali di grande importanza la spiritualità e la religione. Basti dire che in India sono nate quattro tra le principali tradizioni religiose del pianeta: l'induismo, che si è gradualmente sviluppato a partire dall'antica fede vedica; il buddhismo, fondato da Gautama Buddha nel VI-V sec. a.C.; contemporaneo a questo è il giainismo (si veda l'ultima ricetta del capitolo); infine il Sikhismo, nato solo nel XV sec. da una commistione tra elementi induisti e precetti islamici.

MINESTRA ISLAMICA DI CECI

ingredienti

- 300 g CECI SECCHI
- 1 CIPOLLA
- 1 POMODORO GROSSO
- 2 SPICCHI DI AGLIO
- 1 RAMETTO DI ROSMARINO
- 1 LIMONE
- 50 ml OLIO EXTRAVERGINE DI OLIVA

PROCEDIMENTO

Mettere in una casseruola i ceci, dopo averli tenuti a bagno almeno una notte. Coprirli con 1,2 litri di acqua fredda e portare a ebollizione, schiumando ogni tanto la minestra; a questo punto abbassare il fuoco e lasciare sobbollire per circa 60 minuti. Nel frattempo pulire e tritare grossolanamente la cipolla, l'aglio, il pomodoro e il rosmarino; in un padellino soffriggere il trito ottenuto nell'olio, fino a quando la cipolla non sarà imbiondita. Aggiungere l'intingolo ottenuto alla minestra, regolare di sale e di pepe, e cuocere per almeno 2 ore, comunque fino a che i ceci non risulteranno cotti. Servire con una spruzzata di succo di limone e una fettina di limone per ogni piatto come guarnizione.

L'HAJJ, IL PELLEGRINAGGIO ALLA MECCA

L'Islam dà grande importanza alla pratica del pellegrinare, riconoscendo come evento fondatore una migrazione (o *Egira*), avvenuta nel 622 d.C.: «Dalla Mecca a Medina non fu un viaggio lungo, [...], ma si tratta comunque di un elemento simbolico: lasciare la propria terra, i legami tribali, i legami di sangue, di parentela, per fondare qualcosa di alternativo, una comunità di persone unite dalla nuova fede». (P. Branca) Da allora il pellegrinaggio è divenuto uno dei cinque pilastri dell'Islam. L'esecuzione del *hajj* almeno una volta nella vita è obbligatoria per tutti quelli che siano in grado di affrontarlo, economicamente e fisicamente, e circa due milioni di persone si recano alla Mecca ogni anno. **La pratica del pellegrinaggio coinvolge una serie di rituali, tra cui alcuni cammini, in genere in numero di sette**. Il più caratteristico è la circumdeambulazione antioraria della *Ka'ba*, una costruzione cubica coperta da un drappo nero situata al centro di una grande spianata sacra.

Mangiare vegetariano in Arabia Saudita

Questa ricetta dell'Arabia Saudita conferma che la cucina della città della Mecca ha favorito per lungo tempo i piatti a base di verdure, di legumi (lenticchie, fagioli, ceci, piselli) e di carne (spesso di agnello).

LO STATUS DI CHI HA COMPIUTO IL PELLEGRINAGGIO

Come nell'Islam, **il fedele che ha effettuato il pellegrinaggio acquisisce uno status che lo differenzia dagli altri**. I pellegrini che completano questo percorso sono chiamati *o-henro-san* e sono riconoscibili il più delle volte dai vestiti bianchi, da particolari cappelli e da bastoni per camminare.

MELANZANE BUDDISTE

PROCEDIMENTO

In un pentolino fare bollire mezzo bicchiere di acqua, aggiungere le alghe e lasciare sobbollire per 15 minuti. Nel frattempo lavare la melanzana, tagliarla in quattro spicchi mantenendo la buccia e cuocerla a vapore per 7 minuti. A ml 50 di brodo di alghe filtrato aggiungere il sakè, il mirin e la salsa di soia, un pizzico di sale e la senape che andrà sciolta nella salsa lavorandola con un certo vigore. In una piccola ciotola singola servire il quarto di melanzana tiepido, tagliato a tocchetti non troppo piccoli, con un paio di cucchiai di salsa, una foglia di basilico e una punta di zenzero grattuggiato. Il sapore molto particolare del piatto vi introdurrà perfettamente alla originale gastronomia giapponese.

Ottantotto tappe in vari giorni

Questa ricetta nutre quanti si accingono a compiere il pellegrinaggio negli 88 templi dell'isola di Shikoku in Giappone. L'itinerario risalirebbe secondo alcuni a un pellegrinaggio compiuto dal monaco buddista Kukai (VIII-IX sec.), fondatore in Giappone della scuola buddista Shingon che ha sede sul Monte Koya, nella prefettura di Wakayama. Proprio questo monte, che si raggiiunge con un sentierio di 21 km oppure in treno, costituisce per molti viandanti il punto di partenza e di arrivo del giro degli 88 templi. Sull'insieme del tragitto ci si sposta con i mezzi più diversi (auto, bicicletta, taxi); solo pochi ormai lo compiono a piedi.

ingredienti

- 1 MELANZANA GROSSA
- 100 g ALGHE SECCHE
- UN PO' DI SALE
- 30 ml SAKÈ
- 15 ml MIRIN
- 15 ml SALSA DI SOIA
- 4 FOGLIE DI BASILICO FRESCO
- 1 CUCCHIAINO DI ZENZERO FRESCO GRATTUGIATO
- 1 CUCCHIAINO DI SENAPE

CANGURO ALL'ABORIGENA

ingredienti

800 g POLPA DI CANGURO
1 BICCHIERE DI OLIO EXTRAVERGINE DI OLIVA
2 SPICCHI DI AGLIO
ROSMARINO
SALE E PEPE

PROCEDIMENTO

Dividere la carne in quattro pezzi e lasciarla marinare per tre ore nell'olio con aglio e rosmarino (o qualche altra erba aromatica selvatica trovata nei dintorni). Scavare una buca nel terreno di circa 80 cm di diametro e profonda 1 metro, tenendo le zolle di erba. Foderare i lati della buca con legna di medio spessore, avendo cura che sbordi di una decina di centimetri dal suolo. Accendere il fuoco sul fondo e alimentarlo fino a quando metà buca è piena di brace bollente. A questo punto mettere la carne in una casseruola antiaderente con i profumi della marinatura e posizionarla sulla brace; scottare la carne per 2 minuti, girandola una volta, salare, pepare, aggiungere mezzo bicchiere di acqua (nel deserto non c'è il vino) e chiudere con il coperchio. Riempire con altra legna lo spazio intorno alla pentola poi coprire la legna con le zolle di erba lasciando solo un foro centrale come camino. Lasciare cuocere per circa 20 minuti. A fine cottura liberare la pentola dalla cenere e servire.

MANGIARE CANGURI?

Chi non conosce il canguro australiano? È l'immagine stessa di questa enorme isola, la parte più consistente del continente oceanico. Con la sua capacità di correre saltellando e portando i piccoli nel marsupio, il canguro rappresenta una figura unica al mondo e particolarmente simpatica. In Australia non è infrequente mangiare carne di canguro, un po' come per noi cibarci di bovini o di animali da cortile. Una delle situazioni nelle quali si consuma il canguro, cucinato arrosto o sotto la brace, come nella ricetta proposta, è il pellegrinaggio di iniziazione conosciuto come *Walkabout*.

PRATICARE IL WALKABOUT

Con questo termine (che significa "cammina in giro") è chiamato un rito di passaggio **consistente in un pellegrinaggio di alcuni mesi fatto dagli adolescenti aborigeni residenti in contesto tradizionale**. Più globalmente si tratta di **spostamenti tra le varie popolazioni aborigene, che erano separate da enormi distanze e volevano condividere contatti e risorse spirituali e materiali**. Pare che all'arrivo dei primi europei, gli aborigeni pensassero che questi stessero facendo un particolare *walkabout* e non si preoccuparono della loro presenza. Finché non compresero che erano soprattutto agricoltori e allevatori – non cacciatori e raccoglitori come loro – e desideravano la terra.

Come pellegrini nel deserto

Tra le feste menzionate è proprio *Sukkot* a rimandare alla condizione esistenziale del pellegrinare. Per otto giorni infatti (sette se si trovano in Israele) gli ebrei osservanti vivono qualche momento in una "capanna" che costruiscono accanto alla loro dimora abituale: nel cortile, sul terrazzo. È un uso che vuole ricordare i quarant'anni di traversata nel deserto, quando giorno dopo giorno il popolo si spostava avvicinandosi alla Terra promessa, e ogni sera piantava delle tende o capanne nella località scelta per il riposo. Si trattò del pellegrinaggio fondatore del popolo di Israele. La festa attuale vuole ricordare a ogni suo membro che la sua reale essenza sta nel muoversi, guidato dalla parola di Dio, non nella stabilità illusoria delle case in muratura e dei beni terreni.

TZIEMMES EBRAICO

ingredienti

- 500 g CAROTE
- 2 PATATE DOLCI
- 200 g PRUGNE E ALBICOCCHE SECCHE
- 150 g UVETTA
- 100 ml SUCCO DI MELA
- 1 CUCCHIAIO DI MIELE
- 1 CUCCHIAINO DI CANNELLA
- 1 ARANCIA
- SALE

PROCEDIMENTO

Sbollentare per 20 minuti in acqua bollente le patate e le carote per 10 minuti. Lasciarle intiepidire e tagliarle a tocchetti di eguali dimensioni; aggiungere la scorza dell'arancia tagliata a listarelle e la frutta secca precedentemente ammollata e divisa a metà (prugne e albicocche). Condire il tutto con il succo di arancia e il succo di mela, la cannella, il miele e un pizzico di sale. Mettere il composto ottenuto in una pirofila unta e cuocere in forno caldo (180°C) per circa 40 minuti. Servire lo tziemmes caldo.

NELLA FESTA DI SUKKOT

Gli Tzimmes sono il classico contorno per un piatto a base di pollo. Si tratta di una preparazione ebraica *askhenazita* (ovvero di ascendenza tedesca), che viene utilizzata in occasione di alcune feste ebraiche, in particolare della festa delle capanne (*Sukkot* in ebraico). Insieme alla Pasqua (*Pesach*) e alla Pentecoste (*Shavuot*), *Sukkot* è una delle tre festività maggiori che, fino al 70 d.C., **prevedeva un pellegrinaggio dei maschi adulti appartenenti al popolo ebraico a Gerusalemme**. Quell'anno le truppe romane guidate da Tito operarono la definitiva distruzione del tempio, che determinò la fine dei sacrifici (sostituiti dal culto nelle sinagoghe) e dei pellegrinaggi.

DOODHPAK GIAINISTA

PROCEDIMENTO

Mettere a bagno in poco latte l'uvetta. Lavare il riso e, dopo averlo asciugato, lavorarlo con il ghee. In una ampia padella fare bollire il latte, poi abbassare il fuoco e lasciare cuocere per 10 minuti. Aggiungere il riso, l'uvetta e far sobbollire per 20 minuti, quindi aggiungere il cardamomo, lo zafferano e lo zucchero; mescolare e cuocere fino a quando inizia ad asciugare. Disporre la crema calda in quattro coppette e servire subito con i filetti di mandorle e i pistacchi spezzettati.

ingredienti

- 1 l LATTE
- 50 g RISO BASMATI
- 50 g UVETTA SULTANINA
- 40 g GHEE (BURRO CHIARIFICATO)
- 120 g ZUCCHERO
- 1 BUSTINA DI ZAFFERANO
- ½ CUCCHIAINO DI CARDAMOMO IN POLVERE
- 2 CUCCHIAI DI PISTACCHI
- 2 CUCCHIAI DI FILETTI DI MANDORLA

VERSO IL NIRVANA

Per i giainisti – seguaci di una religione indiana coeva al buddhismo e per vari aspetti a esso simile – compiere una volta l'anno il pellegrinaggio alla collina sacra di Palitana, consente di raggiungere il nirvana o la salvezza dell'anima. La località si trova nello stato indiano del Gujarat, dove sorgono centinaia e centinaia di templi, raggruppati in nove monasteri. Si tratta di un luogo dal fascino straordinario, eppure, o fortunatamente, ancora quasi completamente ignorato dal turismo di massa. Nell'area di Palitana è vietato mangiare per rispetto alla sacralità del luogo. Ma scendendo in paese si trovano infiniti ristoranti dove è offerta una cucina vegetariana secondo il dettame della religione giainista, della quale la ricetta che abbiamo presentato costituisce un esempio qualificato.

La testimonianza del Pellegrino russo

Chi compie un viaggio a piedi si trova a un certo punto a ritmare i pensieri sul proprio respiro, che a sua volta è in accordo con il succedersi dei passi sempre più affaticati. A questo proposito, **in India come nell'Oriente in genere si ha una visione unitaria di corpo e spirito**. Ciò accade anche nell'Oriente cristiano, come mostra l'anonimo *Racconto del pellegrino russo* (sec. XIX). Egli si descrive abituato a ritmare sul respiro l'invocazione del nome di Dio, superando fame e freddo: «A volte faccio più di sessanta verste in un giorno e non mi accorgo di andare; sento soltanto che sto recitando la preghiera. Quando il freddo mi coglie, recito la preghiera con maggiore attenzione e mi sento tutto riscaldato. Se la fame diventa troppo forte, invoco più spesso il nome di Gesù e mi dimentico di aver fame. Se mi sento malato e la schiena e le gambe mi dolgono, mi concentro sulla preghiera e non sento più il dolore».

CAPITOLO VII

I viaggiatori dell'anima

Il nostro percorso ha affrontato finora il cibo in rapporto con lo svolgersi del pellegrinaggio, di cui sottolinea la grande valenza simbolica e spirituale: il puntare alla ricerca, all'incontro, alla trasformazione interiore. Come autorevolmente affermò un grande pellegrino dei nostri giorni, san Giovanni Paolo II: «Tutto ciò si compie in un grande processo storico e, per così dire, "in un cammino". La peregrinazione della fede indica la storia interiore, come a dire la storia delle anime. Ma questa è anche la storia degli uomini, soggetti su questa terra alla transitorietà, compresi nella dimensione storica» (GIOVANNI PAOLO PP. II, enciclica *Redemptoris Mater,* n. 6)

Giovanni Paolo II

Viaggio, pensiero e parola

In quest'ottica, si può recuperare quanto scrive lo storico Franco Cardini: «Il viaggio, la ricerca del centro, il ritorno alla patria dimenticata o perduta, la caccia al tesoro e al segreto; l'ascesa del monte, la discesa nel pozzo o nella caverna, il passaggio del fiume o del mare. Sono alcuni fra i "grandi archetipi": miti che si ritrovano, con infinite varianti, nelle letterature, nelle religioni, nelle leggende di tutti i tempi e di tutti i popoli. E tutti richiamano, invariabilmente, a un atto fondamentale: il camminare, il muoversi, il misurare e varcare lo spazio. Se è vero che l'umanità si divide anzitutto in nomadi e sedentari (e i primi sono regolarmente vittime dei secondi: i pastori Abele e Remo, uccisi dai contadini Caino e Romolo...), è parimenti vero che i sedentari non possono essere tali completamente e perfettamente. Il movimento, il viaggio, accomuna tutti gli uomini: come il pensiero e la parola, esso è segno d'umanità. Gli animali si muovono, camminano, migrano: ma solo l'essere umano viaggia».

Meta e cammino

In ogni viaggiare la meta è fondamentale. Non è la stessa cosa uscire di casa a comprare il pane e disporsi al pellegrinaggio per Gerusalemme; non è uguale programmare l'annuale vacanza al mare o compiere una spedizione fino in Cina come Marco Polo e i suoi familiari.
Eppure la strada non è meno importante del raggiungimento della meta, il cammino vale per se stesso. Da questo punto di vista, anche una breve puntata fuori casa, anche un cambiamento del solito ritmo quotidiano per il breve spazio di un weekend hanno qualcosa dello "spirito del viaggio" che fa di ognuno – come insegna il cristianesimo – un *homo viator*, un viaggiatore.

In costante ricerca

Nel viaggio è evidente ritrovare il simbolo della ricerca spirituale. Anche il termine "pellegrino", dal canto suo, esprime spaesamento e insieme attesa. Il pellegrino è tale in quanto straniero nella terra nella quale giunge; ma al tempo stesso egli potrebbe riconoscersi straniero nella propria terra d'origine, proteso a una patria che non è quella che ha lasciato ma che è la meta che si propone. E a sua volta, questa meta-patria non è che l'evocazione, quasi l'anticipo, della patria definitiva, per il credente raffigurata idealmente nel cielo.
Come ha scritto ancora Cardini: «La vita è un pellegrinaggio. I viaggi e i pellegrinaggi che facciamo nell'arco della nostra esistenza altro non sono che metafore della vita. Mettersi in viaggio significa mettersi in gioco». Lo afferma anche la Bibbia: «Beato chi trova in te la sua forza / e decide nel suo cuore il santo viaggio. / Poiché sole e scudo è il Signore Dio; / il Signore concede grazia e gloria, / non rifiuta il bene / a chi cammina con rettitudine» (dal Salmo 83).
In questo capitolo sono presentate alcune ricette tra quelle proposte nei resoconti degli innumerevoli viaggiatori di ieri e di oggi, spinti a solcare le vie del mondo da una ricerca di sé prima ancora che dalla ricerca di Dio.

PILO PERSIANO

ingredienti

- 150 g POLPA DI AGNELLONE
- 150 g PETTO DI POLLO
- 200 g RISO BASMATI
- 1 CIPOLLA
- 150 g PISELLI SECCHI
- 100 g UVA
- 100 g MANDORLE
- 2 MAZZETTI DI CRESCIONE FRESCO
- 6 CHIODI DI GAROFANO
- 1 CUCCHIAINO DI CANNELLA
- 100 g BURRO
- 1 l BRODO DI CARNE
- SALE E PEPE

PROCEDIMENTO

In una pentola capiente soffriggere leggermente in 70 g di burro la cipolla tritata; aggiungere le carni tagliate a cubetti non troppo grossi e insaporirli per 10 minuti con le spezie e una presa abbondante di sale. Incorporare gli acini d'uva tagliati a metà, le mandorle spezzate, il crescione mondato e i piselli rinvenuti nell'acqua. Cuocere per 10 minuti poi togliere momentaneamente dalla pentola lo stufato e il suo sugo, per gettare un paio di manciate di riso (già ben lavato) da arrostire a fuoco vivo per 2 minuti nell'unto rimasto. Rimettere nella pentola lo stufato, aggiungere il resto del riso e coprire con il brodo. Lasciare cuocere coperto per 15 minuti. Togliere dal fuoco, scoperchiare e cospargere il riso con il burro fuso rimasto. Lasciare riposare qualche minuto e servire, offrendo agli ospiti anche qualche pezzetto della crosta che si è formata sul fondo della pentola.

UN GIRAMONDO FRANCESE, INGLESE E PERSIANO

Questa ricetta ha come ingrediente uno dei venti tipi di riso che poté assaggiare **sir John Chardin (1643-1713), viaggiatore e scrittore francese, che si trasferì a Londra per ragioni religiose** (era protestante in un'epoca in cui in Francia era opportuno professare la fede cattolica). Viaggiò in Persia più volte a partire dal 1664 sia per portare avanti gli affari di famiglia (i Chardin erano gioiellieri) sia per desiderio di conoscere il mondo. **Conosceva la lingua persiana e fu introdotto alla corte imperiale**. Secondo John Emerson, la sua relazione sulla Persia safavide «supera di molto quella di tutti gli altri scrittori occidentali per estensione, profondità, accuratezza e assennatezza».

Sir John Chardin

Il viaggio come esercizio dell'anima

Il pensatore francese Michel de Montaigne (XVI sec.) così si esprimeva a proposito dell'esperienza del viaggio: «Il viaggiare mi sembra un esercizio ragionevole. L'anima vi si esercita continuamente notando le cose sconosciute e nuove; e non conosco scuola migliore [...] per la formazione della vita, che presentarle continuamente la diversità di tante altre vite, opinioni e usanze, e farle assaggiare una così continua varietà di forme della nostra natura».

Sicilia forever

Tra le regioni italiane, Goethe preferì quella estrema: «L'Italia, senza la Sicilia – scrisse –, non lascia nello spirito immagine alcuna. **È in Sicilia che si trova la chiave di tutto**. [...] La purezza dei contorni, la morbidezza di ogni cosa, la cedevole scambievolezza delle tinte, l'unità armonica del cielo col mare e del mare con la terra [...]: chi li avrà visti una sola volta, li possederà per tutta la vita».

PASTA FRITTA

PROCEDIMENTO

Sciogliere il lievito nell'acqua. Impastare la farina con il composto ottenuto, salare leggermente e lavorare fino a renderlo liscio e omogeneo. Coprire l'impasto con un telo pulito e lasciarlo riposare in un luogo asciutto e caldo per circa un'ora. Riprendere l'impasto, dare la forma di ciambelle avendo cura di lavorare il meno possibile la pasta e friggerle in abbondante olio di semi bollente. Salarle, peparle leggermente e servirle bollenti, magari in compagnia di un cartoccio di pesciolini fritti.

ingredienti

- 400 g FARINA
- 200 ml ACQUA
- 1 CUBETTO DI LIEVITO
- SALE E PEPE
- OLIO PER FRITTURA

VIAGGIO IN ITALIA

Lo scrittore, poeta e drammaturgo tedesco Johann Wolfgang von Goethe (1749-1832) compì tra il 1786 e il 1788 alcuni viaggi in Italia, di cui ha lasciato preziosa e gustosa memoria scritta.
È a Napoli il 19 marzo 1787, festa di san Giuseppe, patrono dei venditori di pasta fritta: «Sulle soglie delle case grandi padelle erano poste su focolari improvvisati. Un garzone lavorava la pasta, un altro la manipolava e ne faceva ciambelle che gettava nell'olio fumante. Un terzo, vicino alla padella, ritraeva con un piccolo spiedo le ciambelle man mano ch'eran cotte e con un altro spiedo le passava a un quarto che le offriva agli astanti; gli ultimi due garzoni erano ragazzotti con parrucche bionde e ricciute, che qui simboleggiano angeli. Alcuni altri completavano il gruppo mescendo vino ai lavoranti, bevendone essi stessi e gridando le lodi della mercanzia; tutti gridavano, anche gli angeli, anche i cuochi. Il popolo faceva ressa, perché in questa serata tutti i fritti si vendono a poco prezzo e una parte del ricavo va persino ai poveri» (Johann Wolfgang von Goethe, *Viaggio in Italia (1786-1788)*, Bur, Milano 1991).

ASADO E SALMUERA

ingredienti

- 1,5 kg COSCIO DI MONTONE (O AGNELLONE)
- 50 g SALE GROSSO
- 3 SPICCHI DI AGLIO
- 1 PEPERONCINO
- 2 RAMETTI DI ORIGANO FRESCO
- 2 CUCCHIAI DI ACETO

PROCEDIMENTO

Due giorni prima della grigliata, preparare la salmuera: in una bottiglia mettere il sale e le spezie, poi aggiungere mezzo litro di acqua calda (ma non bollente) acidulata con l'aceto; scuotere per fare sciogliere il sale e lasciare riposare. Affettare la carne a pezzi abbastanza spessi; preparare abbondante brace perché la cottura deve essere lenta e costante. Deporre la carne sulla griglia e portare a cottura (ci vorranno almeno 25 minuti), irrorandola più volte con la salsa salmuera, così che rimanga sempre morbida e umida. Lasciare riposare la carne per qualche minuto prima di servirla senza aggiungere nessun altro condimento.

UN VIAGGIATORE-SIMBOLO

Bruce Chatwin è ritenuto in un certo senso il maestro degli irrequieti. Questa ricetta è relativa al viaggio nell'America del Sud narrato in un volume definito redazionalmente "il libro-simbolo di tutti i viaggi": *In Patagonia*.

Patagonia gastronomica

Un giorno Chatwin visitò la famiglia Powell, a Bethesda, nella cosiddetta "Patagonia gallese". Nel clima molto caldo, la padrona di casa propone di cucinare l'*asado*. In cucina i membri della famiglia: «[La madre] andò nel magazzino e apparecchiò un tavolo con una tovaglia a quadretti bianchi e rossi. Eddy accese il fuoco e il padre scese in una dispensa sotterranea, dove era appesa la carcassa di un montone. Ne tagliò una parte e la ripulì dal grasso, che diede al cane. Fissò la carne a un *asador*, uno spiedo di ferro a forma di croce, che piantò in terra, inclinato verso il fuoco. Più tardi mangiammo l'*asado* con la salsa *salmuera*, fatta di aceto, aglio, peperoncino e origano. "Toglie alla carne il sapore di grasso" disse la signora Powell. Bevemmo un leggero *vino rosado* e Alun Powell parlò delle erbe che crescevano nel deserto» (Bruce Chatwin, *In Patagonia*, Adelphi, Milano 2005^{5}, p. 39).

PENNE ALLA FERROVIERA

ingredienti

- 400 g PENNE
- 200 g SALSICCIA
- 200 g SPINACI
- 100 g MASCARPONE
- FORMAGGIO GRATTUGIATO
- ½ CIPOLLA
- OLIO EXTRA VERGINE D'OLIVA
- SALE E PEPE

PROCEDIMENTO

In una padella appena unta imbiondire la cipolla tritata finemente, unire la salsiccia sbriciolata e lasciare cuocere per 10 minuti. Nell'acqua bollente in cui si cuocerà la pasta scottare per un paio di minuti gli spinaci; poi toglierli dall'acqua, strizzarli molto bene e aggiungerli alla salsiccia, lasciare insaporire per qualche istante poi unire il mascarpone, lasciarlo sciogliere e regolare di sale e pepe. Nel frattempo cuocere la pasta al dente, scolarla e ripassarla nel sugo, aggiungendo eventualmente un paio di cucchiai di acqua di cottura per ammorbidire la pasta. Servire con formaggio grattugiato e, se piace, un filo di noce moscata.

ORECCHIE, VOCI, CUORE

Il giornalista e viaggiatore Paolo Rumiz è una delle voci più apprezzate tra gli scrittori italiani. Unica la sua capacità di esprimere il "sapore" di villaggi, città, vie, regioni del mondo. Grande l'attenzione a recuperare memorie, umanità, episodi dimenticati. Su questa direttrice è raggiunto dall'attore e autore Marco Paolini, di cui si ricordano l'oratorio civile dedicato al disastro del Vajont e varie altre rappresentazioni fino a oggi. Per entrambi l'esperienza del viaggio è fondamentale.

Treni e cibo

Tutti e due innamorati dei treni, **Rumiz e Paolini decidono di percorrere nel 2002 sulle reti ferroviarie italiane, a esclusione dell'alta velocità, la stessa distanza della Transiberiana** (7480 km dagli Urali a Vladivostok). Ne esce un ritratto inconsueto del nostro Paese all'inizio del terzo millennio.

Durante il viaggio un elemento caratteristico è il contatto con i capitreno e i conduttori delle locomotive, favorito dal fatto che Paolini è figlio di un ferroviere. Per esempio a Pistoia i due soci sono accolti da un gruppo di quaranta macchinisti, che confidano loro che cos'era un tempo entrare in ferrovia: non un lavoro qualsiasi, ma una sorta di missione. «Intanto Gabriele Gori, quello che ieri ha fatto morire la Signorina [una locomotiva a vapore su cui hanno potuto viaggiare Rumiz e Paolini] **spalando una tonnellata di carbone, entra con una pentolaccia di penne, spinaci, salsiccia e mascarpone**. Non riesce a vivere lontano da fuoco, se con c'è la locomotiva gli van bene i fornelli» (Paolo Rumiz, *L'Italia in seconda classe*, Feltrinelli, Milano 2009, p. 103).

TROTA ALLE MANDORLE

ingredienti

4 TROTELLE SFILETTATE
100 g BURRO
100 g LAMELLE DI MANDORLE
½ LIMONE (SUCCO)
FARINA
SALE E PEPE

PROCEDIMENTO

Infarinare con attenzione i filetti di trota precedentemente puliti e inumiditi con il succo di limone. Friggerli nel burro per circa 5 minuti, avendo cura di cuocerli prima dalla parte della pelle; girarli, aggiungere le mandorle e cuocere ancora per 3-4 minuti. Servire subito con qualche fetta di limone a decorazione.

SCRITTORE E VIAGGIATORE

Antonio Tabucchi (1943-2012) fu scrittore, curatore e traduttore. Ritenuto **uno degli intellettuali europei più significativi del secondo Novecento**, ha lasciato tra l'altro una raccolta di scritti relativi ai viaggi compiuti nella sua vita in varie parti del mondo. Come confessa nelle pagine preliminari: «A conti fatti, ho viaggiato molto, lo ammetto; ho visitato e vissuto in molti altrove. E lo sento come un grande privilegio, perché **posare i piedi sul medesimo suolo per tutta la vita può provocare un pericoloso equivoco, farci credere che quella terra ci appartenga, come se essa non fosse in prestito**, come tutto è in prestito nella vita» (Antonio Tabucchi, *Viaggi e altri viaggi*, Feltrinelli, Milano 2010, p. 9-10).

In un angolo della Svizzera

Nel visitare la piccola, ma cosmopolita, città di Solothurn (Soletta), nel cantone svizzero di Berna, tra una cattedrale e una torre, consiglia una sosta di "cultura materiale" a conforto dell'"immaginario": una colazione al ristorante dell'Hotel Krone, «dove la trota alle mandorle è eccellente. Poi si può andare per librerie, quelle nuove e quelle antiquarie, e le gallerie d'arte come una volta si vedevano a Milano, e il teatro, e le marionette e, se è epoca, gli incontri annuali di letteratura e cinema» (Antonio Tabucchi, *Viaggi e altri viaggi*, Feltrinelli, Milano 2010, p. 61).

CAPITOLO VIII

Sapori e racconti

In tutto il volume abbiamo citato varie volte riferimenti culinari tratti da opere di scrittori, poeti, romanzieri. La ragione è evidente: gli scrittori descrivono la vita umana. E dell'esistenza degli uomini e delle donne, di ieri e di oggi, fa parte anche il cibarsi, vissuto sia come necessità sia come rito. In quest'ultimo capitolo diamo voce a qualche scrittore che ha immaginato storie e viaggi fantastici anche attraverso il racconto di cibi e pietanze succulente.

Viaggiare (e mangiare) a piedi

In primo luogo dobbiamo andare con la mente a quegli scrittori che girano il mondo accompagnati dal loro taccuino o da un tablet, su cui annotano le esperienze di viaggio, le scoperte, gli incontri.
Negli *albergues* sul *Camino* di Santiago, per esempio, capita di vedere la sera molti viandanti che hanno trovato un angolino tranquillo in cui prendere nota degli incontri della giornata. Non è un caso, del resto, che alla recente popolarità di massa del *Camino* abbia contribuito il fatto che si siano messi in marcia anche l'attrice americana Shirley MacLaine, vicina alla new age, e lo scrittore brasiliano Paulo Coelho. Molti altri pellegrini, indubbiamente meno noti dei due citati, non mancano di aggiornare la propria pagina Facebook commentando giorno per giorno le tappe compiute, inserendo immagini, esperienze, ecc.
Questa ritrovata capacità narrativa trova le sue radici nel fatto che i pellegrinaggi che si svolgono a piedi danno più tempo per pensare, guardarsi intorno, rievocare. Lo spiegava a suo tempo il filosofo J.E.L. Rousseau: tra i vantaggi del viaggio e del pellegrinaggio a piedi vi è l'immersione nel territorio e l'indugiare sul percorso. «Ho viaggiato a piedi soltanto ai miei bei tempi, e sempre con diletto. Ben presto i doveri, gli affari, un bagaglio da portare mi hanno costretto a fare il signore e a prendere la vettura [...] e, mentre prima nei miei viaggi non sentivo che il piacere di andare, da allora ho sentito soltanto il piacere di arrivare».
Anche lo scrittore Erri De Luca ama dire che una città si esplora solo girandola lentamente a piedi e che un pellegrinaggio si può dire tale solo se è fatto camminando: «Il pellegrinaggio ha senso se fatto a piedi; è un avvicinamento lento, è un tempo: non solo il raggiungimento della meta. Il pellegrinaggio ha a che fare con la solitudine, è perdersi per ritrovarsi».

Camminare e nutrirsi

È questa probabilmente la ragione per cui la letteratura di viaggio è un genere che non conosce crisi. Perché anche chi non è mai stato nei luoghi di cui tratta l'autore può vivere, attraverso i suoi occhi e le sue parole, un'esperienza di estraniamento, almeno momentaneo; un andare, anche stando fermi, ma assecondando i movimenti del cuore. Se poi si apprezza la cucina, e i resoconti di viaggio riportano anche incontri gastronomici significativi o vere e proprie ricette esotiche, sembrerà di poter far entrare il mondo in casa propria.

Ritrovare la propria terra

In viaggio ci si ciba di cose diverse dal solito. E si vedono paesaggi differenti da quelli di casa. Ma a volte la distanza emotiva è minore di quella fisica. Ignazio Silone, scrittore abruzzese morto nel 1978, unisce comprensione per la vita dura dei cafoni della sua terra e apertura agli ideali umani e cristiani di libertà e solidarietà. È stato definito "socialista senza partito e cristiano senza Chiesa". Nel 1961 compie, con la moglie Darina, un viaggio che lo porta tra l'altro nella zona desertica e desolata intorno a Betlemme. Scrive:

> «A mano a mano che ci inoltravamo per quella valle, io fui preso da uno stato d'animo assai strano. Era la prima

volta che visitavo quei luoghi, eppure avevo l'impressione del già visto e vissuto. Finché, a un certo momento, mia moglie ruppe il silenzio per dire: "Ma questo è il paesaggio dei tuoi romanzi". Bastò quello per chiarire lo stato di apprensione e stupore che era in me. Rivedevo qualcosa, fuori di me, che da molti anni, forse dalla nascita, portavo in me, il paesaggio dell'anima. Forse il solo paesaggio nel quale sono in grado di situare dei personaggi che si muovano e siano vivi».
Come si è detto più volte nel corso del nostro ricettario, nel viaggio la meta conta, ma conta di più il muoversi, lo spostarsi, il cambiare. E può accadere – come a Ignazio Silone – che al termine di un periplo impegnativo si ritrovino, con sorpresa e con una certa soddisfazione, atmosfere e sapori di casa.

Pescina nel parco nazionale dell'Abruzzo. Città natale di Ignazio Silone

Il piatto dei giusti

Nel suo libro *Le Città invisibili*, lo scrittore Italo Calvino (1923-1985) tratta della giusta Berenice, una città nascosta entro l'involucro rappresentato dalla Berenice ingiusta. Tra le caratteristiche della città giusta, il fatto che i suoi abitanti svolgano lavori artigianali umili e preziosi, abbiano un modo di parlare equilibrato, pratichino costumi austeri e innocenti. Inoltre li qualifica una «cucina sobria ma saporita, che ricorda un'antica età dell'oro: minestrone di riso e sedano, fave bollite, fiori di zucchino fritti».

MINESTRONE DI BERENICE

PROCEDIMENTO

In una casseruola (possibilmente di coccio) fare imbiondire, in metà dell'olio, la cipolla e l'aglio affettati sottilmente con la foglia di alloro. Aggiungere il sedano e la carota tagliati a tocchetti e lasciare insaporire per qualche minuto. Coprire con mezzo litro di brodo vegetale caldo e lasciare cuocere per 7-8 minuti. Scoperchiare la pentola, eliminare l'alloro, aggiungere il brodo restante e il riso e portare a cottura mescolando di tanto in tanto. Nel frattempo preparare un pesto leggero con il prezzemolo e pari quantità di foglie di sedano, conservate durante la mondatura della verdura: tritare le foglie e mescolarle con l'olio avanzato e il grana. A fine cottura sciogliere il pesto nella minestra e servire, lasciando in tavola formaggio grattugiato e olio per un ulteriore arricchimento della zuppa.

Uomini e donne: soltanto viandanti

Ha affermato **il filosofo Friedrich Nietzsche**: «Chi, anche solo in una certa misura, è giunto alla libertà della ragione, non può poi sentirsi sulla terra nient'altro che un viandante».

ingredienti

- 180 g RISO ARBORIO
- 400 g SEDANO VERDE
- 1 CAROTA
- 1 CIPOLLA
- 1 SPICCHIO DI AGLIO
- 1 MAZZETTO DI PREZZEMOLO
- 8 CUCCHIAI DI OLIO EXTRAVERGINE D'OLIVA
- 4 CUCCHIAI DI GRANA GRATTUGIATO
- 1 l BRODO VEGETALE

SPIEDINI ALLA GRECA

ingredienti

- 600 g POLPA DI MANZO
- ½ l VINO ROSSO
- 1 CIPOLLA
- 4 FOGLIE ALLORO
- 4 RAMETTI DI MAGGIORANA

PROCEDIMENTO

Tagliare la polpa a cubi di circa cm 4 di lato, senza eliminare l'eventuale grasso (molto amato dagli antichi greci), e metterli a marinare per due ore nel vino insaporito con la cipolla affettata e gli aromi. Montare gli spiedini con la carne, alternandoli con qualche fetta di cipolla e pezzetti di alloro. Cuocerli su una brace per circa 7-8 minuti, girandoli una sola volta e ungendoli ogni tanto leggermente con dell'olio aromatizzato con la maggiorana. Salare e servire ben caldi.

Cibo di Ulisse e degli Achei

Come abbiamo già detto altre volte, **tra gli archetipi dei viaggiatori e dell'umanità nel suo insieme, vi è Ulisse**. Questa ricetta è proprio ispirata all'*Odissea*, dove si legge: «Ma già presta ancella / Da un vaso d'oro, nel bacil d'argento / L'acqua alle man versava, indi a lor stese / Un liscio desco. / Candido v'impose / La veneranda dispensiera il pane / Con varie e pronte dapi, e quelle ancora / Che tenea in serbo aggiùnsevi. Lo scalco / Carni di tutte sorti in sui taglieri / Recava ed aurei nappi, in che spumante / Bacco l'intento banditor mescea» (*Odissea*, trad. N. Delvinotti, Libro I).

Il trionfo dei carnivori

Come è tipico delle campagne militari, in cui occorre energia e si cucina all'aperto, la dieta della guerra di Troia appare sempre di tipo carnivoro. Si cacciano prede – o vengono donate dagli dèi – e le si arrostiscono in clima goliardico. Esiste però la documentazione della presenza, nel territorio greco e ora turco in cui si svolge l'azione, di frutta e alimenti di stagione: «Ma di fianco alla reggia un orto grande, / Quanto ponno in dì quattro arar due tori / stendesi, e viva siepe il cinge tutto. / Alte vi crescon verdeggianti piante, / il pero e il melagrano, e di vermigli / pomi carico il melo, e col soave / fico nettáreo la canuta oliva. / Il frutto qui, regni la state, o il vero, / pere, o non esce fuor: quando sì dolce / D'ogni stagione un zeffiretto spira» (*Odissea*, Libro VII).

POLLO, RISO E GALANGA

ingredienti

- 2 PETTI DI POLLO
- 500 g RISO BASMATI
- 2 CIPOLLE
- 3 SPICCHI DI AGLIO
- 1 CUCCHIAINO DI ZENZERO IN POLVERE
- 1 CUCCHIAINO DI GALANGA TRITATA
- 1 PEPERONCINO
- ½ CUCCHIAINO DI CURCUMA

PROCEDIMENTO

In una pentola capiente soffriggere nell'olio la cipolla e l'aglio tritati finemente; quando saranno imbionditi, aggiungere le spezie e il pollo tagliato a dadini. Lasciare rosolare per 5 minuti poi coprire con due bicchieri di acqua e lasciare cuocere fino a quando il pollo diventa tenero. Nel frattempo lessare in poca acqua il riso, a metà cottura. Quando il pollo è quasi pronto aggiungere il riso basmati e un altro bicchiere d'acqua e portare a cottura, lasciando assorbire completamente l'acqua.

La terra di nessuno

Gli ingredienti di questa ricetta sono elencati tra le spezie che Marco Polo segnalava disponibili in **una regione che stava a mezza strada tra Cina e India** e che il Kublai Khan non era ancora riuscito a conquistare.

LA CINA DELLE MERAVIGLIE

Marco, della famiglia patrizia veneziana dei Polo, iniziò il suo viaggio, alla volta della Cina, in una età variabile tra i quindici e i diciannove anni, in compagnia del padre e dello zio. Restò nel territorio del Celeste Impero per diciassette anni. Al ritorno a Venezia, fu tra i prigionieri dei Genovesi dopo una fallimentare battaglia svoltasi al largo della Croazia nel 1298. In prigione a Genova il Polo incontrò lo scrittore Rustichello da Pisa, che trascrisse i suoi racconti nell'opera *La descrizione del mondo*, più comunemente nota come *Il Milione*.

FRITTATA PROSCIUTTO E ACETOSELLA

PROCEDIMENTO

In una padella antiaderente scaldare il burro e fare appassire le foglie di acetosella, precedentemente mondate e spezzettate grossolanamente. Nel frattempo, in una terrina, sbattere le uova, salarle e insaporirle con un'abbondante grattugiata di noce moscata. Aggiungere il prosciutto tagliato a listarelle sottili. Alzare il fuoco della padella e versare il composto di uova e prosciutto. Cuocere la frittata rivoltandola una volta, avendo cura di tenerla morbida. Servirla ben calda.

PUNTANDO AL CENTRO

Questo piatto è citato nel romanzo di Jules Verne *Viaggio al centro della Terra* (1874). Il narratore attende per pranzo Otto Lidenbrock, il docente di mineralogia che ha deciso di raggiungere il centro della terra partendo da un vulcano. «Aspettai qualche attimo. Il professore non venne. Era la prima volta [...] che non prendeva parte alla solenne cerimonia del pranzo. E che pranzo poi! Minestrina al prezzemolo, frittata al prosciutto con acetosella e noce moscata, una lombatina di vitello e per finire gamberetti dolci».

Un'impresa impossibile

Questa opera di Verne, come altre sue, è a metà strada tra fantasia e scienza. Lo scrittore sapeva bene che i ricercatori avevano dimostrato che il centro della Terra raggiunge temperature elevatissime, egli però volle utilizzare un'ambientazione che gli permettesse di sviluppare una trama spettacolare, cosa che fu premiata dai lettori e dagli spettatori dei film tratti dal romanzo.

ingredienti

- 8 UOVA FRESCHE
- 100 g PROSCIUTTO COTTO
- 1 MAZZO DI ACETOSELLA FRESCA
- 50 g BURRO
- SALE
- NOCE MOSCATA

COSCE MIGNON

ingredienti

- 20 COSCE DI QUAGLIA
- 100 g BURRO
- 125 ml VINO BIANCO SECCO
- SALE
- PEPE
- SALVIA
- ROSMARINO

PROCEDIMENTO

In una casseruola, scaldare il burro con qualche foglia di salvia e un paio di rametti di rosmarino. Aggiungere le cosce di quaglia e cuocere per qualche minuto a fuoco vivace fino a quando non si saranno colorate. Sfumare con il vino bianco, salare, pepare e lasciare cuocere per 20 minuti a fuoco lento, avendo cura di aggiungere un mestolo di brodo o di acqua calda se asciugano troppo. Servire bollenti con ottimo vino rosso, possibilmente della Borgogna, e piccoli pani bianchi.

Cibo per giganti cercasi

Jonathan Swift racconta la vicenda di un viaggiatore, Lemuel Gulliver, che si trova, tra tante avventure, prigioniero di persone molto più piccole di lui, i lillipuziani. Proprio in questo paese riceve come alimento dei cibi che per i suoi ospiti costituirebbero una cena luculliana ma per lui sono poco più che stuzzichini: «Osservai che c'erano carni di vari animali, ma al gusto non mi riuscì di distinguerle. V'erano cosce, spalle, lombate che parevano di montone, ma più piccine di un'ala di lodola: sicché in un boccone ne mangiavo due o tre, insieme con tre pani grossi come palle di fucile. Mentre mi portavano tutta quella roba, quegli uomini manifestavano il più grande stupore e la maggiore ammirazione per il mio portentoso appetito».

SITUAZIONI REALI O IMMAGINARIE?

Oltre ai viaggi reali ve ne sono di immaginari. Lo sapeva bene il grande scrittore irlandese Jonathan Swift, autore dei *Viaggi di Gulliver* (1726), **che volle parodiare alcune vicende inglesi e francesi della sua epoca, scrivendo un romanzo fittiziamente rivolto ai bambini**: usò in maniera allegorica il richiamo a un racconto per bambini e ai resoconti di viaggio, ma con uno scopo polemico ben preciso.

Ringraziamenti

Questo è il quarto libro con cui guardiamo, da un punto di vista gastronomico, l'esperienza cristiana. Come nel caso della cucina biblica, di quella dei santi e di quella ispirata ad alcuni episodi della storia della Chiesa, molti amici ci hanno incoraggiato e aiutato, ricercando, camminando e cucinando per noi e con noi. Tra questi ricordiamo: don Domenico, Ron e Mavis, il vescovo Francesco, Mirco, Luisa, Lucia, Valdo, Angelo e Amelia, Arianna, p. Luigi, Antonietta, Rita e Roberto, Gabriele, Leonardo, Lisa e il gruppo scout Roma 119.
A tutti costoro va la nostra più sincera gratitudine.

Gli autori

INDICE DELLE RICETTE

ANTIPASTI

PANI

MINESTRE E PASTE

CARNI

PESCI

UOVA E FORMAGGI

VERDURE

DESSERT

LIQUORI

INDICE

Mio Onnipossente, ti prego
di favorire un viaggio senza pericoli;
la sede del falco stendi su di me,
Signore dell'alta volta della terra.

EIRIK IL ROSSO
capo della spedizione vichinga
che conquistò la Groenlandia (985 d.C.)

Allegato a *Famiglia Cristiana* di questa settimana
Direttore responsabile: Antonio Rizzolo
Settimanale registrato presso il Tribunale di Alba il 7/9/1949 n. 5
P.I. SPA - S.A.P. - D.L. 353/2003 L. 27/02/04 N. 46 - a.1 c.1 DCB/CN

Allegato a *Credere* di questa settimana
Direttore responsabile: Antonio Rizzolo
Settimanale registrato presso il Tribunale di Alba il 23/10/2012 n. 4/12

Allegato a *Maria con te* di questa settimana
Direttore responsabile: Antonio Rizzolo
Settimanale registrato presso il Tribunale di Asti il 3/4/2018 n. 2

www.famigliacristiana.it
www.credere.it
www.mariacontesettimanale.it

Finito di stampare nel mese di maggio 2019
presso ROTOLITO S.p.A. - Seggiano di Pioltello (MI)
Printed in Italy